KB102473

100세
은퇴설계
노년매니지먼트

100세
은퇴설계
노년매니지먼트

경영컨설턴트
함광남

이지출판

5060 은퇴세대와 7080 노년세대에게
작은 나침반이 되기를

50~60대는 인생에서 가장 화려하게 꽃을 피우는 시기다. 하는 일과 지위, 명예, 권위, 경제력, 가정, 친구, 취미생활에 이르기까지 정상의 삶을 구가하는 연대다. 다른 연령대보다 이 시기가 빛나는 이유는, 지금까지 갈고닦아 온 지혜와 경륜, 능력과 재능이 빛을 발휘하여 화려한 열매를 맺는 시기이기 때문이다. 그리고 50~60대에는 정신적 성숙과 지적 풍요 또한 최고조에 이르게 된다. 그래서 50~60대가 안정되고 즐거우면 인생의 80퍼센트는 성공했다고 봐도 틀리지 않는다.

하지만 많은 고민이 시작되는 시기이기도 하다. 샐러리맨은 50~60대가 되면 '정년퇴직'이라는 원치 않는 절벽 앞에 서게 된다. 직장에 따라서는 그 이전에 '명퇴'라는 이름으로 조기퇴진을 요구하기도 하고 '황퇴(황당한 퇴직)'라는 것도 당하게 된다. 최근 60세까지 정년이 늦춰졌다고는 하나 어찌되었든 평생 일해 온 삶의 터전을 자기 의지와는 상관없이 떠난다는 것은 크나큰 사건이요 시련일 수밖에 없다.

바야흐로 100세 시대다. 의료기술의 발달과 건강에 대한 관심으로 수명은 점점 늘어나고 있다. 줄기세포의 강국인 일본에서는 최근 루게릭병의 진화 속도를 늦추는 데 성공하였다는 소식이다. 세계적인 생명과학자 120명 중에는 2030년이면 120세 시대가 온다고 전망하는 학자도 있고, 나중에는 인류가 500세까지도 생존이 가능하다는 주장도 있다. 이런 현실에서 아무 준비 없이 정년과 노후를 맞이한다면 그 이후의 삶은 과연 어떻게 될 것인가. 이런 경우의 장수는 축복이 아니라 치명적인 쇼크를 던져 줄 뿐이다. 그렇다고 아직 반생(半生)이란 긴 세월이 남아 있으니 주저앉아 체념할 수도 없는 노릇이다.

우리는 지난 세월 수많은 난관을 헤치고 잘 달려왔다. 인생 황금기에 IMF라는 '경제 쓰나미'를 겪으면서 타의에 의한 '강제퇴직'도 경험했을 것이고, 사업에 몰두하다가 '파산'이라는 직격탄을 맞기도 했다. 그리고 한 조직의 구성원으로서, 한 가정의 가장으로서, 또 부모를 모시는 자식으로서 무거운 짐을 지고 험난한 길을 달려왔다. 아마도 그 세월은 폭풍우가 휘몰아치는 광야와도 같았을 것이다.

하지만 당신은 그 많은 중책을 잘 수행해 왔다. 60대, 70대, 80대와 그 이전의 선배 세대에게도 국가사회에 바친 노고에 아낌없는 위로와 감사와 갈채를 보낸다. 그분들의 피나는 노력 덕분에 나라 경제가 이만큼 성장, 발전하게 되었고 정치, 경제, 사회, 문화, 예술, 스포츠 등 각 분야에서 눈부신 성과도 이루게 되었으며, 그토록 어려운 민주화와 산업화도 이루어 냈다. 그 결과 우리나라의 위상은 세계 10위권의 경제 규모와 교역국으로 경제 선진국 대열에 진입하게 되었다.

준비 없는 정년퇴직과 노후는 재앙에 속할 수도 있다. '100세 쇼크'라는 말이 오늘의 화두가 되고 있다. 100세 시대를 맞아 우리 모두는 치밀한 제2 인생설계를 하지 않을 수 없게 되었다. 준비 없는 노후는 외로운 인생을 살다가 고독한 마침표를 찍게 마련이다. 우리 사회에 큰 비중을 차지하고 있는 은퇴세대의 어두운 현실과 노년세대의 절박한 상황을 외면할 수 없어 '철저하게 준비할 것을 촉구하는 의미에서' 이 책을 펴낸다.

노년에 접어든 세대에게 가장 중요한 것은 무엇일까. 바로 건강, 경제력, 마음가짐, 이 세 가지다. 문제는 철저한 준비밖에 없다. 그렇다면 무엇을 어떻게 준비해야 할까. 우리 삶을 어떻게 계획하고 실천할 것인가 하는 문제도 '인생경영'에 속한다. 실패하지 않는 삶을 위해서는 반드시 자신만의 전략이 필요하고, 어둡고 힘들지 않은 삶, 즐겁고 안락한 삶을 살아가기 위해서는 철저한 계획과 실천이 담보되어야 한다.

은퇴세대의 다리를 먼저 건너온 필자가 경영학도로서 지난날의 경험을 담아 은퇴세대와 벼랑 끝에 선 노년세대에게 인생경영의 차원에서 '길안내'를 하고자 한다. 아직은 가보지 않은 미지의 삶을 펼쳐 나갈 여러분에게 이 책이 작은 나침반이 되기를 소망한다. 이 책이 나오기까지 애써 주신 이지출판사 서용순 대표에게 깊이 감사드린다.

2018년 6월

압구정 연구실에서 함 광 남

제1부
5060 은퇴세대의 과제와 선택

제1장 은퇴세대의 현실

5060 은퇴세대의
과제와 선택

베이비붐 세대 은퇴 준비 5원칙

1. 이제 곧 다가올 평균수명 100세 시대에 대한 준비를 해야 한다.
2. 자산도 위험성이 높은 것은 안전성 위주로 옮겨야 한다.
3. 자식의 미래보다는 자신의 미래를 더 생각해야 한다.
4. 은퇴 전에 어떤 일을 했든 눈높이와 기대수준을 낮추어야 한다.
5. 건강 관리와 운동에 힘써야 한다.

5060 베이비붐 세대의 현실

은퇴세대의 고민이 날로 깊어만 간다. 만일 창업하여 어느 정도 성공을 이루었다면 노후 경제문제는 큰 걱정을 하지 않아도 된다. 하지만 일반 셀러리맨들은 사정이 다르다. 젊어서처럼 강철 같은 건강을 지닌 것도 아니고, 갈수록 마음이 나약해지는 것도 부정할 수 없다. 그렇다고 20~30대처럼 아이디어가 번득이는 것도 아니니 직장에서 두각을 나타내기도 어렵다.

여기서 우리가 오랜 세월 삶의 교과서로 여겨 온 공자(孔子)의 연대별 인생 경영지침을 보자.

"20대는 배우고 익히며(學而時習之), 30대는 인생 목표를 확고히 세우고(立志), 40대에는 흔들리지 말며(不惑), 50대는 하늘의 뜻을 알고(知天命), 60대는 듣는 대로 이해하며(耳順), 70대는 마음이 가는 대로 행하여도 도리에 어긋남이 없다(從心所欲不踰矩)."

그런데 이것을 오늘의 상황에 대입해 보면 많이 달라진다. 과거에는 태어나서 30년은 교육과 병역으로, 다음 30년은 취업기간(근로소득기간)과 사업기간으로, 나머지 10~20년은 노후로 나누어 생각했었다. 그러나 이제는 100세 시대를 맞이하여 60세에 퇴직을 하더라도 40년은 더 살아야 한다. 그러니까 공자의 인생 경영 지침도 달리 적용되어야 한다.

20대에는 학문과 지식을 연마하는 것에만 그치지 말고 사회 적응 실습까지도 미리 해야 한다. 또 30대에는 일생의 목표를 세운 후, 더 나아가 그 목표의 실현을 위해 전력투구해야 하며, 그 다음 40대에는 처음에 세운 목표를 향해 흔들림 없이 정진하면서 은퇴 후를 위한 준비도 앞당겨 서두르지 않으면 안 된다. 50~60대가 되면 이미 퇴직이 시작되는 세상에 살고 있으니 말이다.

그만큼 과거에 연대별로 해 오던 일을 이제는 시기를 앞당겨서 적용해야 할 상황이 되었는데, 이는 시대 변화에 따라 인생주기에 대한 속도가 빨라진 반면 수명은 훨씬 길어졌기 때문이다.

그럼 오늘날 50~60대를 맞이한 샐러리맨의 현실은 어떤가.

세상 돌아가는 속도가 빨라지고 세대 간의 격차도 허물어지고 있다. 요즘은 빠르면 30~40대에 기업의 임원이 되는 경우도 많고, 연배로 따지면 50~60대는 회사나 조직에서 사장(대표)이 될 나이지만, 사장은 고사하고 극심한 경쟁에서 간부가 되기도 쉽지 않다. 게다가 근무기간에 따른 일정한 승진이 되지 못하면 명퇴와 황퇴도 겪어야 한다.

어느 조직이든 승진하고 잘 나아갈 대상과 머지않아 퇴출될 대상은 30~40대부터 미리 정해진다. 두각을 나타내며 앞서가는 인재가 일찌감치 선별된다는 얘기다. 게다가 기술 혁신과 디지털화가 몰고 온 사회변혁으로 지난날의 지식과 경험은 별 소용 없게 되어 버렸다.

예를 들면, 과거에는 기업의 영업사원이 전국 방방곡곡을 돌며 발품을 팔아 판매영업을 했지만, 이제는 그 방법이 통하지 않는다. 지난날의 노하우나 스킬은 올드패션이 되고 말았다. 그만큼 업무방식의 진화속도가 너무 빠르게 변하고 있다. 결국 50~60대가 지난날 쌓아 온 '업무 노하우'는 과거의 '에피소드'로 남게 될 처지가 되고 말았다.

베이비붐 세대의 인생 역정

베이비붐 세대의 인생 역정을 살펴보자. 이 세대들은 70~80대와 함께 우리나라의 산업화와 민주화에 기여하며 근대화를 이루어 온 세대다. 수많은 격변기를 거치면서 온갖 풍상을 다 겪었다. 이들에게 가장 큰 변화를 가져온 사건은 'IMF'다(설문 결과 33.6% 가 응답). 당시 30대 중·후반에서 40대 초반이던 그들은 인생에서 가장 활기찬 시기였으나 IMF 직격탄을 맞아 직장을 잃거나 사업 이 부도나면서 고통의 늪으로 빠져들었다.

그들은(54%) 지방에서 자라나 20대에 도시로 올라와 갖은 고생 을 하였고, 1970~1980년대 공단 지역 문화의 중심에도 이들이 있 었다. IMF 사태 때는 절반 이상이 실직하거나 사업에 실패하여 택 시운전을 하거나 막노동을 하기도 했다. 1980년 광주민주화운동 이후 여러 사건과 변화를 거치면서 안정된 삶을 살지 못한 것도 바로 이 세대다. 그럼에도 "그게 우리 세대의 운명이니 어쩌겠느 냐"고 한탄하고 있으니 안타깝기 짝이 없다.

한편 이 세대는 맞벌이와 연애결혼시대를 연 세대이기도 하며, 전체의 57%가 맞벌이를 한다. 47.9%가 연애결혼을 하였고, 자녀 수는 평균 1.9명이다.

이들의 신상명세와 자산상태를 보자. 전 세대보다는 여러 면에 서 향상된 것이 많다. 우선 교육수준이 높아졌고, 신장과 체중이 발달하였으며, 생각도 훨씬 자유분방하다. 이를테면 과거엔 중매 결혼이 대부분이었는데 연애결혼 비율(48%)이 크게 증가하였고, 맞벌이 비율(57%)도 대단히 늘어난 것을 볼 수 있다.

사람은 누구나 삶의 애환을 갖고 살아간다. 지금까지 살아온 과정을 그림으로 그려 보면 지난 과거를 한눈에 볼 수가 있다. 세로축은 역경의 깊이, 가로축은 나이다. 태어날 때부터 지금까지 살아온 과정을 10년 단위로 나누어 당신의 인생 곡선을 직접 그려 보라.

아마도 역경의 깊이와 높낮이가 그래프로 나타날 것이다. 역경의 깊이가 컸을 때와 행복했던 시기에는 각각의 원인이 있었을 것이고, 극복해 낸 역경이 있었다면 이는 당신의 굳은 의지와 능력의 결과이자 자신의 장점인 것이다. 앞으로의 삶에서도 그 장점을 살려 나가면 성공적인 삶이 될 것을 확신한다.

베이비붐 세대의 고민

1955년에서 1963년 사이에 태어난 베이비붐 세대는 712만여 명, 전체인구의 14.6%를 차지한다. 평균 1.9명의 자녀를 두고 있고, 부모 생존율은 61.2%다. 연간 가구 소득액은 4,779만 원, 월평균 지출액은 283만6,000원(부채상환액은 별도)이다. 총자산액은 3억 3천만여 원인데 부채는 3,407만 원이다. 그러니까 순자산은 3억 원 미만이 된다. 자산은 얼마나 될까. 살고 있는 집 한 채가 전 재산인 경우가 무려 83% 포인트나 된다.

그럼 이들은 노후 준비를 어떻게 하고 있을까. 놀랍게도 무려 83.4%가 특별한 준비를 하고 있지 않다. 그리고 퇴직 후 일자리를 준비하는 사람은 10명 중 1명에 불과하다. 그럼에도 걱정거리는 산더미처럼 안고 있다. 노후 일자리, 생계비, 건강 악화, 부모 봉양, 자녀 결혼비용 등이 무거운 걱정이자 짐이다. 이들의 고민과 의식구조를 살펴보자.

베이비붐 세대의 향후 전망과 희망사항은 어떤 것일까? 노후설계에서 소득, 자녀교육과 결혼비용 지원, 종교생활, 취미생활, 자기계발, 자원봉사 등을 염두에 두고 있다. 은퇴 후의 경제생활 수준은 기본생활 유지가 어렵다고 예상한 이가 무려 46.2%나 된다. 이런 부담감 때문에 완전 은퇴시기를 70세 전후(65~74세)로 소망하는 이가 52.7%다. 또 70~74세까지 일하고 싶어 하는 경우도 19.3%나 된다. 이런 결과는 가능한 한 소득을 얻기 위해서 늦게까지 경제활동을 계속하겠다는 의지의 표현이다.

현업 중단 이후의 준비사항, 노후에 가장 걱정되는 것, 일자리 희망 이유, 가장 큰 관심사 등은 어떤 것일까? 현업 중단 이후의 준비활동 여부를 묻는 질문에 83.4%가 '특별한 것이 없다'는 답변이 나왔다. 이런 현상은 개인이나 국가적으로도 큰 문제가 아닐 수 없다. 아직도 반평생이 남았는데 특별한 대책이 없다니 말이다.

노후에 가장 큰 걱정은 역시 건강 악화(54.7%)와 경제난(31.8%)

을 꼽았다. 그리고 가장 큰 관심사는 자녀의 취업과 결혼문제 (33.8%), 자녀교육(25.6%), 본인 건강(18.7%), 생계비 마련(8.8%) 등이다. 50대의 평균자산은 4억4,302만 원, 60대는 3억6,648만 원이다. 걱정이 태산이다.

5060 '끼인 세대'의 더블 케어 공포

그래서 부모 부양과 자녀 양육을 동시에 책임져야 하는 '끼인 세대(샌드위치 제너레이션)'의 걱정이 날로 늘어가고 있다. 우리나라 베이비붐 세대 712만여 명 중 76%인 541만 명이 향후 10년 내에 퇴직하고, 2018년에는 노인인구가 전체 14% 이상을 차지하는 고령화 사회로 진입하는데, 일부 베이비붐 세대가 빈곤층으로 전락하는 사회문제가 대두될 것이라는 관측도 있다. 그럼에도 해당자의 83.4%가 은퇴 후의 대책이 없다. 선진국처럼 각종 연금제도가 정착된 것도 아니고, 국민연금도 머지않아 재정이 고갈될 전망이라니 문제가 심각하다.

최근 일본이 65세를 정년으로 추진한다는 소식은 우리로서는 부러운 일이다. 이런 상황에서 베이비붐 세대의 은퇴 후 필요 생활비는 월 230만여 원인데 노후를 위한 저축은 월 17만여 원에 불과하여 앞으로 닥칠 '은퇴 쇼크'가 매우 심각하다. 이들의 79.8%가 부모 중 한 명 이상이 생존해 있고, 미혼자녀를 둔 경우도 93.1%에 달한다.

부모 봉양과 자녀 결혼 등을 모두 그들이 책임진 상황이다. 부모와 자식 사이에 그들이 끼인 셈이다. 말하자면 '더블 케어'를 해야 되는 입장이다. 그럼에도 은퇴 이후의 최저생활비를 비롯한 지출을 부담할 준비는 턱없이 부족하다. 게다가 손주까지 양육하려면 그야말로 '트리플 케어'를 해야 된다.

30대 미혼자녀의 절반이 '캥거루족'이다. 통계자료를 보면 성인자녀 생활비로 매월 75만 원, 노부모 생활비로 매월 40만 원, 노부모 간병비로 매월 55만 원 등 소득의 30% 정도를 성인 자녀와 노부모를 위해 지출하고 있으니 어쩌면 좋을까.

미국도 베이비붐 세대의 은퇴가 시작되었다. 잘사는 나라의 연금제도는 어떤지 스웨덴과 일본, 미국을 비교해 보자.

한국은 수급 시기가 60세, 스웨덴은 64세, 일본은 65세, 미국은 66세다. 한국은 20년을 내면 80여만 원(20년이 안 되면 25만 원 내외), 스웨덴은 많이 내고(소득의 절반을 냄) 많이 받는다(232만여 원). 일본은 약 354만 원, 미국은 소득의 7.6%를 내고 월 최대 2,366달러(283만 원)를 받는다. 우리에겐 부러운 상황이다. 하지만 그 나라들도 고령화 사회로 가면서 수급자가 증가하면 재정 파탄이 올까 걱정

하기는 마찬가지다.

우리나라 노후 부부 생활비가 월 217만 원이 필요하다는 자료가 있는데, 과연 이만큼의 소득을 어떻게 얻을 수 있을까. 이런 자료들을 보면 우리나라가 앞으로 지향해야 할 내용이 보인다. 이웃나라 일본의 경제학자(와세다대 후카가와 유키코 교수)도 우리나라의 세 가지 경제구조 문제를 지적한 중에 '은퇴세대를 위한 국가적 대책이 없다'는 점을 심각하게 거론했다.

잘나가는 베이비붐 세대도 있다

한편, 잘나가는 베이비붐 세대도 많다. 직장 생활하는 경우를 보자. 삼성, 현대, LG, SK 등 국내 대기업 그룹 임원들의 통계를 살펴보면 경영학이나 기계공학, 전자공학, 화학공학, 전기공학, 금속공학 등을 전공하고 대기업에 입사하여 23년 3개월 만에 임원으로 승진했다. 평균나이는 49.4세다. 이들은 1980년대 대학을 다녔고 1987년 6월 항쟁과 1988년 서울올림픽이라는 역사적 사건을 겪었으며, 이제는 '기업의 별'이라는 임원으로 승진하였다. 전문분야는 영업을 비롯한 전략, 기획, 생산관리, R&D(연구개발), 인사조직, 해외업무, 재무관리 등 다양하다.

이들은 오늘이 있기까지 남다른 열정과 노력으로 경쟁에서 살아남았을 것이고, 앞으로도 노력과 능력에 따라 더 상위직급으로 승진하게 될 것이다. 기업체와 각종 조직, 공직사회에서도 최고책임자로서 능력을 발휘하는 인재들이 많다. 초심을 잃지 말고 계속 정진하기를 바란다.

또한 기업가로서 사업에 성공한 경우도 많다. 가업(家業)을 이은 경우도 있지만, 창업하여 성공한 사례도 많다. 그중에는 처음에는 규모가 작았지만 기업이 계속 성장하여 대기업 반열에 오른 곳도 있고, 세계적인 기업가로 명성을 높이 평가받는 인물도 많다. 산업분야로서는 IT, 금융을 비롯한 전 분야에 걸쳐 골고루 퍼져 있다. 그들은 자본금도 없이 아이디어 하나로 기업을 일으키고 사업을 시작하여 수천 명의 종업원에게 일자리를 제공하고 국가사회에 기여하는 사람들이다. 미국의 경제학자 조지 길더가 말한 대로 '진정한 애국자'들인 것이다. 이와 같이 직장에서, 사업현장에서 성공적으로 일해 온 분들은 개인적인 명예이기도 하지만 사회적으로도 존경받아 마땅하다.

제2장
인생 밸런스시트(balance-sheet)를 작성하라

자신을 인벤토리(inventory)하자

먼저 오늘 당장 자신의 인생을 총 점검해 봐야 한다. 막연한 걱정보다는 자신에 대해 구체적인 상황을 알 필요가 있다. 인벤토리는 나 혼자만 관계되는 것이 아니라 아내, 자식, 부모, 형제의 현실과도 연관 지어 살펴보아야 한다. 내 문제만 해결된다고 끝날 일이 아니다. 상황에 따라 당신이 책임질 사항도 많다. 새해 첫날, 온 가족이 모여 각자의 상황을 얘기하고 서로 문제점을 파악하여 개선점을 찾는다면 더할 나위 없는 모범 집안이다. 적어도 2년에 한 번은 인벤토리를 할 필요가 있다. 100세 시대에 아직도 40~50여 년이란 길고 긴 반생이 남아 있기 때문이다.

정년 후를 계획하면서 제2의 인생을 충실하게 하려면 먼저 '경제적 기반을 확고히' 해야 한다. 50대 이후는 가능한 한 '재정적 안전지대'로 대피해야 한다. 그러나 대부분 막연한 불안감에 '뭔가 하지 않으면 안 된다' 면서 안정을 찾지 못하고 방황하다가 결국 아무것도 못하게 될 수도 있다. 이럴 때는 당장 자신의 '인생 대차대조표'를 만들어 보아야 한다.

- 현재 예금, 적금, 주식투자금액, 신탁투자금액, 펀드투자금액 등 금융자산은 얼마인가
- 주택은 시가로 얼마인가, 기타 부동산과 부채는 얼마인가
- 자신의 강점과 약점은 무엇인가
- 현재 직장에서 언제 퇴직하게 되는가
- 앞으로 재취업 일자리는 준비되어 있는가
- 창업을 할 것인가
- 부모에 대한 부양 준비는 어떠한가
- 자녀의 학업은 언제 끝나며, 또 그들의 결혼 준비는 어떠한가
- 이런 과제들에 대한 경제적 준비는 어디까지 와 있는가
- 자신의 건강은 어떠한가
- 당신이 이루고 싶은 꿈은 무엇인가

이와 같은 항목을 상세하게 기록하고 사안별로 대책을 세워야 한다. 한 가지 주의할 점은 은퇴설계를 하면서 재무적 요소에만 치중해서는 안 된다. 건강, 가족관계, 취미, 사회봉사 등 비재무적

요소와 결합된 사항들을 총망라하여 그것들이 조화를 이루어야 멋진 삶이 이루어진다.

인생 대차대조표를 작성할 때 참고할 사항은 이렇다.

일반 기업 회계에서는 자산과 부채-자본을 중심으로 대차대조표를 작성하지만, 인생 대차대조표는 자신의 장점과 권리, 그리고 약점과 의무사항도 함께 기록하여 대조해 볼 수 있다.

왼쪽(차변)에는 자산, 자신의 장점, 권리사항, 기타 플러스 요인 등을 기록하고, 오른쪽(대변)에는 부채, 자신의 약점, 의무사항, 마이너스 요인 등을 기록한다.

- 자신이 중요하다고 판단하는 각 항목별 중점도를 수치로 부여하고 종합점수를 내본다.
- 이 결과를 종합해 보면 앞으로 나아가야 할 방향이 명확해진다.

지난 10년 전의 자신과 오늘 현재의 상황, 그리고 향후 10년 후의 모습을 정리해 보면 앞으로의 계획을 수립하는 데 큰 도움이 될 것이다. 항목은 대략 5가지 정도로 정하고 각 항목별 가중치는 임의로 정하되 총점은 100점 만점으로 하면 비교해 보기 간편하다.

당신의 브랜드 가치는 얼마인가

우리나라 일반 직장인들은 '자신의 브랜드 가치'를 얼마라고 평가하고 있을까?

얼마 전 취업사이트에서 조사한 자료를 보자. 회사 내에서 브랜드 가치가 높아 보이는 사람이 가장 많은 직급은 평사원 10.2%, 대리급 21.4%, 과장급 27.8%, 부장급 14.6%, 임원급 10.2%, CEO 12.2%였다. 또한 자신의 브랜드 가치에 대해 남성은 금액으로 평균 4,422만 원, 여성은 3,641만 원이라고 응답했다.

브랜드 가치를 평가하는 데 따르는 조건, 갖춰야 할 조건 등에 대한 평가기준을 보면 다음과 같다.

브랜드 가치가 가장 높은 사원의 조건

- 업무 능력이 뛰어난 사원 33.6%
- 맡은 일을 끝까지 책임지는 사원 14.1%
- 위기관리 능력이 뛰어난 사원 12.6%
- 자기관리가 철저한 사원 11.9%
- 자기계발에 열심인 사원 11.0%

자신의 브랜드 가치를 높이기 위해 갖춰야 할 조건

- 업무 능력 62.8%
- 외국어 능력 37.2%
- 폭넓은 인맥관리 30.8%
- 다양한 지식 보유 28.6%
- 업무 추진력 25.5%
- 업무 경험 25.5%

이와 같은 평가에서 당신은 어디쯤에 해당하는가? 아킬레스건은 무엇인가? 무엇이 손톱 밑의 가시인가?

사막을 횡단하는 데 가장 큰 장애물은 신발 속의 작은 모래알이라는 말이 있다. 우선 그걸 털어내야 한다. 그리고 경쟁에서 취약한 작은 차이가 무엇인지를 알아내라. 바로 그 작은 것이 일생을 좌우한다.

입학시험 성적, 취직 경쟁에서는 늘 0.1점 차이가 문제 아닌가. 야구의 2할 9푼과 3할 타율은 천지 차이다. 만일 전문성에서 뒤진다고 생각되면 《10,000시간의 법칙》이란 책의 이론을 실천해 보라.

전문가가 되려면 돈이나 배경, 행운 또는 아이큐도 필요 없고 다만 노력에 의해서만 전문성을 얻을 수 있다고 한다. 1,000시간을

성공하는 이의 자가진단(Winner's Brain Check List)

만점기준 = 15문항×3 = 45점

		전혀 그렇지 않다(1점)	그런 편이다 (2점)	아주 그렇다 (3점)
기획 포착력	1) 나는 해결책이 전혀 없어 보일 때도 해결방법을 찾아낸다.			
	2) 나는 일이 잘 안 풀리는 상황도 실패라기보다는 기회라고 여긴다.			
	3) 나는 무언가 새롭게 시도해 원하는 대로 안 되더라도 다른 방법을 찾는다.			
최적의 모험 판단력	4) 나는 낯설고 어려운 상황에 처해도 잘 견딘다.			
	5) 나는 내가 내린 결정을 두고 결코 후회하지 않는다.			
	6) 나는 무언가 의심스럽다고 해도 일단은 실행해 본다.			
목표 집중력	7) 나는 어떤 일이 있더라도 내가 세운 목표에 집중한다.			
	8) 나는 무슨 일이 있어도 목표에 도달할 때까지 노력한다.			
	9) 나는 일을 할 때 처음부터 끝까지 핵심을 꿰뚫는 통찰력이 있다.			
동기 지속력	10) 나는 스스로 동기부여를 잘한다.			
	11) 나는 결코 일을 미루지 않는다.			
	12) 나는 꼴찌를 하더라도 젖먹던 힘까지 동원해 일을 마무리한다.			
재능 파악력	13) 나는 무언가 잘못되었다고 판단되면 개선할 방법을 생각한다.			
	14) 나는 나 자신뿐만 아니라 타인이 지닌 잠재력을 정확히 안다.			
	15) 나는 내가 뭘 모르는지를 잘 안다.			

배우면 조금 아는 정도가 되고, 4,000시간을 배우면 남에게 기본을 가르칠 수 있으며 10,000시간을 배우면 전문가가 된다고 한다. 하루에 1시간씩 배우면 27년이 걸리고, 하루 2시간씩이면 13.7년, 5시간씩이면 5년 반이 걸린다. 도전해 볼 만하지 않는가.

계란은 자신이 깨고 나오면 닭이 되고, 남이 깨면 '에그 프라이'가 된다는 격언도 있다. 당신의 브랜드 가치가 크면 클수록 장래에 큰 자산이 될 것임은 더 설명할 필요가 없다.

샐러던트(saladent)가 되라

인생 대차대조표와 인벤토리 결과가 나왔는가. 지금까지 어떻게 살아왔다고 보는가. 당신의 지난날을 두 가지로 나누어 생각해 보라. 신념과 용기로 무장하고 갖은 난관을 극복하며 굳세게 살아왔는가, 아니면 직장이란 온실 속에서 별 문제 없이 하루하루 편하게 살아왔는가.

밤을 새워 깊이 고민한 것도 없고, 뭔가 성취하고자 열정적으로 행동해 본 것도 없이 그냥저냥 현실에 매어 온 것뿐인가. 만일 그렇다면 당신은 스스로 무척 놀라워하며 뉘우치고 있을 게 분명하다. 이제라도 각오를 다지고 분발하여 '일하면서 배우고 실천하는 자세'로 전환하면 앞날이 달라질 것이다.

만일 이 시점에서 용기를 내어 지금까지의 '월급생활자'로서의 삶을 끝내고 이제부터 새로운 인생을 살겠다고 결심한다면, 물론 길은 있다. 정년까지 아직 몇 년이 남아 있고, 평균수명대로 살더라도 수십 년이란 긴 세월이 더 남아 있으니, 준비만 잘하면 행복한 여생을 맞이할 가능성은 충분하다. 만일 60세가 되어 새로운 삶을 준비한다고 해도 아직 40년이 남아 있으니 해 볼 만하다. 혹시 장래를 두고 걱정되는 바가 있다면 이렇게 생각해 보라.

"지금까지 나름대로 잘해 왔지 않는가. 내가 특출하게 잘한 것은 없지만 그래도 크게 실수한 것도 없다. 새로운 길을 찾는다고 해서 지금보다 더 나빠질 거야 없겠지"라고 말이다. 이런 생각에 이르게 되면 새로운 용기와 자신감이 생길 줄 믿는다.

나머지 반평생을 어떤 목표로 살아갈 것인가를 조용히 구상해 보면 스스로 답이 나올 것이다. 그러면 향후 대비할 과제가 떠오르고 그에 따른 준비를 하게 된다. 자영업에 손을 대는 경우에는 특히 조심해야 한다. 무슨 업종이든 치밀한 준비 없이 시작하면 안 된다. 남이 하니까 따라서 해 본다든가, '그거라도' 하는 기분으로 구체적인 계획 없이 시작해서는 절대로 안 된다. 그리하면 100전 100패일 뿐이다.

예를 들어보자. 은퇴자 중에 식당을 개업하는 경우가 많다. 장소를 임대하고, 권리금을 지불하고, 식기 일체를 구입하거나 인수

받고, 식자재도 사들이고, 종업원도 채용하여 식당 문을 연다. 개업 초기에는 '신장개업'이라는 현수막이 걸리고 친지들이 축하한다면서 찾아와 매출도 상당하다. 문제는 그 기간이 매우 짧다는 것이다. 몇 주일 또는 한두 달이 지나면서 매상이 줄어들고 적자가 발생하게 되어 결국 짧게는 1년, 길게는 2년을 못 넘기고 손을 털고 만다. 뼈저린 실패를 경험하는 것이다. 철저한 준비 없는 사람에겐 절대로 기회가 오지 않는다는 사실!

요즘 '샐러던트'(샐러리맨+스튜던트의 합성어)란 말이 생겼다. 샐러리맨으로서 필요한 지식과 정보는 물론 자영업을 시작하더라도 철저한 시장조사와 필요한 부분을 끊임없이 배우고 익히는 사람을 가리키는 말이다. 앞으로의 재취업을 위해서도 명심해야 할 필수 항목이다. 자영업을 비롯하여 창업을 희망하는 경우에는 '제3장 창업과 백문백답 : 창업, 결코 만만치 않다'를 참조하기 바란다.

마음챙김(mindfulness)의 소유자가 되자

앞에서 말한 두 직장인 타입(적극적인 '올인형'과 소극적인 '무사안주형')의 차이점은 무엇인가. 결론은 간단하다. 사고와 자세의 문제다. 그날 그날 별 생각 없이 지내는 사람과, 매사를 점검하고 준비하며 도전하는 사람의 차이일 뿐이다.

심리학에서 말하는 '마음챙김' 이론의 소유자는 남보다 앞서가고 목표를 성취해 내게 되어 있다. 목표한 바를 이루는 지름길은 '확률게임이론'을 실천하는 데에 있다. 보이지 않는 '병 속에서 성공이란 감자'를 꺼내는 확률을 생각해 보자. 병 속에 긍정적 요소를 많이 넣으면 넣을수록 성공 확률이 높아지는 게 자명한 이치다. 긍정적 요소란 무엇일까. 성공을 위한 치밀한 계획, 빈틈없는 준비, 실천, 열정과 노력 등이다.

50~60세를 지날 때 어느 회사로부터 "우리 회사 사장(조직의 대표) 또는 임원으로 오세요"라는 요청이 있는가. 아니면 "정년퇴직 후에는 꼭 저희 회사로 오세요. 기다리겠습니다"라는 간청이 있는가. 그러면 당신은 이미 성공한 케이스다. 요청하는 회사의 내용과 규모는 크게 따지지 않고라도 말이다.

그러나 그런 요청이 없다면 일단 당신은 직장인으로서, 전문가로서 크게 성공했다고는 보기 어렵다. 따라서 뭔가 부족하게 살았구나 하는 자각을 하게 될 것이다. 그렇다면 정년 후의 여러 고민들을 과연 어떻게 해결해 나갈 것인가. 이제라도 서둘러 자신의 현실을 진단하고 '리셋(reset)'해야만 한다.

- 자신의 삶에서 최대 자산인 건강(가족도 포함)은 어떤가
- 직장에서의 위치는 어디까지 와 있는가
- 앞으로도 계속 승진할 가능성은 있는가
- 퇴직 후 재취업에 대한 준비는 되어 있는가
- 가정의 재정 상태는 어떠한가
- 가족의 생계는 걱정 없는가
- 자녀의 교육비는 준비되었는가
- 자녀 결혼자금은 어떤가
- 부모님 건강과 봉양 준비는 어떤가
- 자산관리를 위해 정보를 수집하고 대책을 세우고 있는가

이런 과제들에 대해서 어떻게 대비하고 있는가. 필요한 정보는 무엇이며, 어떤 경로를 통하여 신뢰성 높은 정보를 수집, 분석, 활용하고 있는가. 이런 문제들을 끊임없이 점검해 나가야 한다. 그리고 각 항목별로 파일을 만들어서 관리해야 한다.

속담에 "일찍 일어나는 새가 벌레를 잡는다"는 말도 있다. 말하자면 '아침형 인간'이 되어야 한다는 말이다. 스스로 챙기지 않으면 누가 나를 챙겨 줄 것인가.

학력이 아니라 오직 실력이다

지금까지 다닌 학교 이름을 순서대로 적어 놓은 '학력(學歷)'은 이제 '자산(資産)'이 아니다. 낙오되지 않고 살아가려면 오직 실력과 전향적인 자세가 필요할 뿐이다. 학력이 출세를 좌우하는 시대는 이미 지났다.

모든 조직에서 '성과'를 중시하는 시대가 되었다. 그래서 조직의 '인사고과제도' 역시 '능력제일주의'로 바뀌었고, 급여체계도 '성과 반영'으로 바뀌고 있다. 그동안은 좋은 학교 다니고 미국에 유학하여 아이비리그를 졸업하면 취직이 잘 되는 세상이었다. 그렇게 되려면 좋은 가정에서 태어나 고액과외를 하고 명문대학에 다녔어야 하며, 그런 코스를 밟은 사람들은 내부분 부족함 없이 평탄하게 잘 살아왔다.

기업 컨설팅을 하다 보면, 간부들 중에 국내에서 명문대를 나오고 미국에서도 유명한 학교에서 MBA를 마쳤는데 조직에서 알아주지도 않고 더 빨리 출세하지 못한다는 불만 섞인 하소연을 듣게 된다. 그런 불평하는 사람들의 내면을 들여다보면 항상 고학력에 대한 보상심리가 깔려 있다. 그러니까 직장 일에 '올인'하지 않는다. 언젠가는 화려한 학력에 대해 보상을 받을 거란 기대심리로 그냥저냥 지내는 거다.

원인은 무엇일까. 지금까지 고생한 적이 없으니 헝그리 정신도 결여되어 있고, 자신의 우월감으로 헛된 자존심만 내세우는 것이다. 뿐만 아니라 자신을 되돌아보고 '리셋'하지도 않는다. 그러니까 결과가 그럴 수밖에 없다. 그래서 미국 유명대학에 유학하고도 실력이 부족한 사람에게 '아메리카대학 코카콜라학과를 졸업했다'는 비속어가 생긴 것이다.

허울 좋은 스펙과 자존심만 내세우며 노력하지 않는 경우, 이게 얼마나 큰 착각인가. 승진하고 두각을 나타내는 데 학력에만 의존한다는 것 자체가 큰 잘못이다. 뼈를 깎는 노력만이 자신의 능력을 향상시킨다는 평범한 진리를 모르기 때문이다.

성공과 학력은 별로 관계가 없다. 우리나라 재벌의 두 주인공인 이병철 회장과 정주영 회장의 학력이 높다는 얘긴 들어보지 못했고, 우리나라는 고졸 대통령도 두 명이나 있었다. 일본의 유명한 마쓰시타전기 창업자인 마쓰시타 고노스케(松下幸之助) 회장도 학교를 거의 다니지 않았다. 문제는 일에 대한 투철한 사명감과 자세와 노력, 처리능력(힘)에 있다고 본다.

결국 성공과 행복은 학력이나 태어난 가문과도 전혀 무관하다. 만일 좋은 가정에서 태어나 좋은 학교를 다녔고 좋은 직장에 다닌다는 사실만을 기억하고 있다면 당신은 머지않아 낙오될 게 뻔하다. 그러니까 자신의 순탄했던 배경은 빨리 잊어버려야 한다.

건강이 최대 자산이다

오랜만에 만나는 선배에게 "건강하시지요?"라고 문안인사를 했더니 한숨 섞인 대답이 돌아왔다.

"지난 세월 내 몸을 1940년대를 전후해 독일에서 생산한 폭스바겐 자동차로 알고 오래 굴려 왔더니 이제는 여기저기 부품이 고장 나기 시작한다네."

이제 노년에 접어든 이들은 누구나 다 같은 상황을 겪는다. 긴 세월 수많은 난관을 헤치며 가시밭길을 달려왔으니 부품도 고장 나고 성능도 저하되면서 마음까지 쇠약해지고 말았다. 생로병사의 과정 중 한 시기를 맞이하였으니 피할 수 없는 현상이다.

일은 하되 젊어서처럼 피곤하지 않게 하여야 한다. 제2의 인생을 행복하게 살려면 우선 건강이 첫째다. 문제는 '건강과 일의 밸런스'를 유지하는 것이 중요하다. 50~60대가 되면 젊었을 때보다는 건강상태가 하향곡선을 그리게 되어 있다.

우리 육체는 태어나서 20세까지는 성장하다가 그 이후는 서서히 노쇠의 길로 접어든다. 지금까지 50~60년을 혹사시켰으니 이제는 잘 관리해야 한다. 살아가는 데 최고의 무기이자 필수조건이 바로 건강이다. 어느 날 갑자기 찾아온 병마와 죽음은 본인의

일생을 멈추게 한다. 모든 것이 순간에 끝나 버리는 죽음, 꿈도 이상도 한순간에 사라져 버리고 비통함을 맞게 된다. 평생 공들여 온 회사의 최신 설비공장 준공식장에서 쓰러지는 경우, 조직의 주요 직책을 맡아 불철주야 일하다가 사무실 의자에 앉은 채로 순직하는 경우, 세계 IT계의 총아인 애플사의 스티브 잡스가 겨우 56세에 희귀병으로 고통받다가 세상을 떠난 안타까운 사실을 우리는 보아왔다.

50~60대는 육체적으로 보면 하루의 오후 5시경이다. 해가 몇 시에 서산에 질지는 모르지만, 황혼에 가까운 것만은 사실이다. 아직 건강하다고 해도 젊음의 태양이 다시 떠오르진 않는다. 40대까지는 외향적으로 동적(動的) 건강을 과시할 수 있으나, 50~60대가 되면 내향적이고 정적(靜的) 모드로 바뀔 수밖에 없다. 따라서 운동, 영양섭취, 정기적 검진을 잊지 말아야 한다. 앞으로 70대, 80대가 기다리고 있으므로 50~60대에 잘 관리해야만 건강한 노후를 맞이할 수 있다.

필자가 정신없이 일하던 때가 생각난다. 1988년 서울올림픽 때, 정부가 시행하는 광고사업에 참여하였다. 우리나라에서 처음 개최되는 올림픽을 앞두고 재원이 없던 정부가 기금을 마련하기 위한 국가사업이었다. 당시 에너지 문제로 국가적으로도 전기 사정이 좋지 않아 전기를 이용한 광고는 일체 금지되어 있었는데, 올림픽

조직위원회에서는 한시적으로 전기를 이용한 대형 광고물을 허가하고 그 대신 기금을 출연하게 했다. 당시 지구상에서 대형 전광판이나 네온사인이 없는 나라는 우리나라와 스리랑카, 단 두 나라뿐이었다. 북한 평양에도 대형 네온사인이 있었으니 다른 나라가 보기에도 민망한 노릇이었다. 그래서 정부가 착안해 낸 것이 옥외광고 사업이었고, 나는 그 올림픽 기금 모금 광고 대행 사업을 정부와 계약하고 그 사업에 참여하였다.

나는 친구와 함께 밤을 새워 가며 일했다. 처음에는 가난한 회사였으니 버스도 타지 않고 몇 정거장은 걸어 다녔고, 식당에 가면 세 명이 백반 2인분을 시켜 나눠 먹기도 했다. 내 나이 45세 되던 해부터 준비한 올림픽은 48세 때 개최되었고, 전후 10여 년간 국내 광고업계도 큰 발전을 이루게 되었다.

한 국가의 광고시장이 '선진국형'이냐 여부를 판단하는 기준은 1년간 그 국가의 총 광고비가 GDP의 1%에 해당하느냐 여부에 달려 있는데, 88서울올림픽 개최 당시 국내 광고비는 비로소 GDP의 1%선에 육박하고 있었다. 그 계기를 통하여 우리 회사도 10년 만에 우리나라 아웃도어업계 최대의 회사로 성장, 발전하였고, 일본과 구소련, 중국, 베트남과도 합작회사를 설립하는 등 활발히 사업을 전개하였다.

이전에는 샐러리맨으로 살아오다가 사업가로 변신한 내게 올림픽 광고사업은 최고의 성공작인 셈이었다. 아이디어와 열정만으로 설립한 회사를 경영하는 동안 겪은 고난은 이루 형언하기 어렵다. 말하자면 죽기 살기로 일하는 수밖에 다른 방도가 없었다. 당시 하루에 올림픽 기금으로 300만 원이란 큰돈을 부담해야 하는 절박한 순간들의 연속이었기 때문이다. 이른 아침 5시에 일어나 종일 정신없이 뛰어다니다가 밤 12시나 새벽 1시경에 귀가하여 다음 날 아침 5시에 출근하는 일상이 계속되었다.

그러다 보니 개인적인 시간을 낼 틈이 전혀 없었다. 그때 나는 국내외 8개 법인 업무를 관리하느라 각 회사별 파일(사안별 진도관리기록)을 늘 갖고 다녔는데, 이동 중에 차 안에서도 서류를 보는 등 시간을 쪼개 쓰는 상황이었으므로 누가 내 덥수룩한 머리를 보고 "이발소에서 오시래요" 하면 "아차!" 하고 메모지에 '오늘 이발소/목욕탕'이라고 써서 서류 파일 위에 붙이고 다녔다.

그런 전투 상황과도 같은 세월을 겪는 동안 나도 모르게 건강이 악화되어 '십이지장궤양'으로 오랫동안 고생하게 되었다. 잘 때도 통증 때문에 두 주먹을 불끈 쥐고 자야만 했다.

건강자산을 설계해야만 한다

대개 건강 하면 육체적 건강만을 생각한다. 그러나 진정한 의미의 건강은 신체(體), 두뇌(頭腦), 마음(心) 세 가지를 말해야 옳다. 신체는 섭생과 운동을 통하여 단련하면 되지만, 두뇌는 긍정적 마음

가짐, 기쁜 마음, 도전정신, 목표의식을 통하여 뇌의 활성화가
이루어진다고 한다.

육체는 건강한데 뇌와 마음이 그렇지 못하면 건강하던 육체마
저 좋아지지 않는 건 시간문제다. 기쁠 때와 사랑할 때 분비되는
도파민, 편안하고 행복할 때 분비되는 세로토닌이 뇌의 활성화를
촉진하는 것으로 밝혀졌다. 마음은 긍정적 사고를 지니고 평상심
을 유지하며 명상에 잠기면 신체의 건강과 연결되어 장수의 비결
이 된다고 한다.

한국인은 한 해 암으로 무려 10만 명이 사망한다. 사망원인 1순
위가 암이다. 살다가 어떤 병에 걸릴지는 아무도 모른다. 안 좋은
병에 걸리면 은퇴자산이 통째로 날아갈 수도 있다. 가장 많이 걸
리는 위암환자 1인이 부담하는 비용은 평균 2,685만 원, 폐암은
4,657만 원, 간암은 6,622만 원, 대장암은 2,352만 원, 백혈병은
무려 6,700만 원이나 된다고 한다. (자료 미래에셋생명) 따라서 은퇴 후
의 생활비만을 설계할 것이 아니라 예기치 않은 질병에 대한 건강
자산을 치밀하게 설계해야 한다.

문제는 건강관리와 일의 밸런스에 있다

우리나라 장년층의 사망률은 세계적으로 높은 편이다. 베이비
붐 세대는 IMF라는 시련을 겪었고 수많은 정치적 변화를 체험하
면서 스트레스 탓에 건강에 악영향을 받았다. 이 세대의 35%가 뇌

질환, 고혈압과 당뇨, 고혈당, 관절염, 위장질환 등 성인병에 시달리는 것으로 나타났다. 그럼에도 37%는 정기적인 건강검진을 받지 않고 있으며, 40%는 전혀 운동을 하지 않는다고 답했다. 서울대 차승은 교수는 재무설계처럼 각자에 맞는 맞춤형 운동설계를 해야 한다고 진단하고 있다.

나도 내 몸을 성능 좋기로 이름난 독일제 '폭스바겐' 자동차로 알고 오랜 세월 무리하게 썼더니 여기저기 부품 고장이 나기 시작했다. 그러니까 50~60대가 되면 업무량과 난이도를 봐가면서 건강에 무리가 가지 않도록 일을 분배해야 한다. 50~60대의 과로사나 간경화, 뇌경색 등으로 고생하는 경우는 모두 건강을 돌보지 않고 홀대한 탓이다. 성서에도 "천하를 주면 네 몸과 바꾸겠느냐"고 했다.

우리 육체는 한번 고장 나면 회복이 어렵다. 그래서 "병상의 제왕보다 건강한 거지가 더 낫다" 하지 않던가.

건강은 행복의 90%를 차지한다. 돈, 명예, 지위, 권력 등은 불과 10% 미만이다.

지금 당신은 어디쯤 서 있는가

저명한 경영학자 '피터 드러커'는 수명은 길어지고 은퇴는 빨라지는 이 시대에 은퇴자를 향하여 이렇게 조언하고 있다.

"인생의 후반을 설계하라. 첫째는 다른 일(앞으로 나아갈 길)을 설계하고, 둘째는 두 가지 직업에 도전하라. 하나는 돈 버는 일이고, 다른 하나는 '살아가는 일'이다."

돈도 중요하지만 '살아간다'는 것이 매우 중요하니 건강문제도 직업으로 삼아 매진하라는 뜻이다.

당신은 지금 어디쯤 서 있는가. 평탄한 아스팔트길인가, 아니면 가파른 오르막길인가. 허심탄회하게 한 번쯤 되돌아봐야 할 것이다. 그래야만 당신이 가야 할 앞으로의 길을 찾아내고 진로를 설계할 수 있다.

만일 당신이 지금까지 직장에서 주전선수로 뛰었다면, 당신은 화려한 50~60대를 맞이하면서 직장과 사회에서 승승장구할 것이다. 말하자면 스타플레이어(star player)로 사는 거다. 그러나 만에 하나 '벤치 워머(bench warmer, 대기선수)'로 계속 앉아 있었다면 아무래도 남은 인생을 단단히 준비해야 하지 않을까. 자가진단을 해 보자. 자신의 현재 상황을 아래 항목에 넣어 점검해 보자.

직장인의 점검 항목

- 조직, 기업에 입사 후 정기적으로 승진하여 이미 고위간부나 임원 또는 사장의 위치에 올랐는가
- 아니면 중간 간부로서 머지않아 정년이 예정된 상태인가
- 이미 정년퇴직한 상태인가
- 재정 상태는 어떠한가(자산과 부채 현황)
- 정년 이후의 생활에 대한 구체적인 계획은 세워 놓았는가
- 인생 후반을 구체적으로 어떻게 준비하고 있는가
- 혹시 지금 다니고 있는 직장에서 당신을 인정해 주지 않고 승진도 안 된다고 불평만 계속하고 있지는 않는가

기업인의 점검 항목

- 기업의 성장성(단기적 · 장기적 관점)
- 안정성(기술의 진보 속도가 너무 빠른가/경쟁의 정도가 너무 심한가 등)
- 수익성은 어떤가
- 사회성(국가에서 금지하는 분야인지 여부 등)
- 자신이 참여할 기업의 진입장벽이 높지는 않은가
- 법률적 제한은 없는가
- 해당 기업에 대한 경영분석

방황하고 있는가, 길은 반드시 있다

정년이 아닌 '실직'인 경우 그 막막함을 어떻게 표현할까.

1997년 우리나라에 해일처럼 밀려왔던 '경제 쓰나미' IMF 사태를 떠올려 보자. 당시 직장에 다니다가 하루아침에 실직당한 수많은 가장들의 축 처진 어깨를 잊을 수가 없다.

> 켜켜이 쌓인 피로 속에
> 수줍게 숨어 있는 초라한 나의 초상
> 나는 서럽게 울었다
> 찬바람이 부는 12월 베란다에서
> 허공을 향해 소리 없이 울었다.

직장을 잃은 어느 가장의 눈물겨운 글이다. 지난날 필자 또한 나의 의사와는 전혀 관계없이 강제로 실직당한 적이 있다. 어린 두 딸과 어머니까지 모시던 시절이었다. 막막하기 그지없었다. 당장 생계를 위협받게 되니 그야말로 더운밥 찬밥 가릴 겨를이 없었다. 고민을 거듭하다가 용기를 냈다. 아는 사람에게 부탁하여 낮에는 서류 관련 용역을 맡고, 저녁엔 학원강사로 뛰었다. 밤 10시에 돌아오면 늦은 저녁을 먹은 후 관공서에서 교정지를 받아다가 새벽

2시까지 일했다. 말하자면 하루 세 가지 일을 해서 가족의 생계를 유지했다.

문제는 용기와 노력이 아닐까. '간절하게 구하면 반드시 얻는다'는 것이 나의 경험이다. 물론 구체적인 목표와 실행이 전제조건이다. 힘을 내고, 그리고 담대하게 나아가야만 된다. 몸과 마음이 위축되면 앞으로 나아가기가 어렵다. 성서대로 "환난 중에 참으며 소망 중에 즐거워"하면서 말이다.

물론 바라는 것을 얻으려면 고통이 따른다. 서양 격언에 "고통 없이는 얻는 것도 없다(No pain No Gains)"고 했으나 지나친 걱정은 건강에 해로울 뿐이다. 삶에는 언제나 굴곡이 있게 마련이다. 인생의 역경 그래프는 늘 오르고 내리는 게 우리 경험법칙이다. 앞에서 그려 본 당신의 인생 그래프에서도 보지 않았는가.

나도 지금까지 지나온 날들을 돌이켜보면 뾰족한 수가 있었던 건 아니다. 다만(평범하지만) 행운을 바라거나 감나무 밑에 누워 감 떨어지기를 기다리지 않고 부지런하게 살았다는 것뿐이다.

먹고사는 문제로 고민하는가. 남자는 결혼하면 우선 가족의 생계를 어떻게 꾸려 나갈지를 제일 먼저 생각하고 당연한 의무로 여긴다. 더욱이 50~60대는 가족의 생활비, 자녀 학비와 결혼 준비, 부모 모시기 등으로 어깨가 무겁다. 다행히 어느 분야의 전문성이 있어서 언제 어디서든 바로 일자리를 구할 수 있다면 생활비 문제는 해결되니까 축복받은 셈이다.

하지만 이미 경험했다시피 하기 싫은 일을 억지로 하면 절대로 능률이 오르지 않는다. 오로지 먹고 살기 위해서 억지로 하는 일 이외에는, 앞으로 남은 인생을 소 도살장 끌려가듯 일할 필요가 있겠는가. 당신의 인격과 재능을 발휘한다면 적성에 맞는 일, 밝은 미래를 약속하는 일도 얼마든지 찾아낼 수 있다. 지금까지 쌓아 온 인격과 경륜을 50~60대에 꽃피운다면, 신뢰와 존경 속에서 행복한 노후를 맞이할 토대를 쌓을 수 있다.

요즘은 어떻게든 먹는 건 해결된다. 그만큼 먹고 사는 환경이 좋아졌고 일자리도 다양해졌다. 눈높이를 낮추고 건강하기만 하면 각종 공사현장, 문화재 안내에도 일손이 부족하고, 중소기업에 가면 각자의 기능과 능력에 따라 할 일을 찾을 수 있다. 큰 수입은 아니더라도 가족의 생계는 해결할 수 있다.

나도 어려서부터 고생을 참 많이 했다. 고생한 내용으로 따져보면 둘째가라면 서러울 정도다. 청렴한 학교장이셨던 아버지는 아무것도 남겨놓지 않고 일찍 돌아가셨다. 그때부터 나는 늘 백척간두에 서 있는 상황이었다. 일곱 살에 아버지를 여의고 초등학교 1학년부터 서울의 친척집에 얹혀 살며 학업을 마칠 때까지 길고 긴 고난의 행군이 계속되었다.

중학교 때는 신문 배달을 했는데, 통행금지가 있던 시절이어서 새벽 3시 반에 일어나 서울 약수동에서 신문사가 있던 소공동까지 뛰어가는 수밖에 없었다. 그때는 겨울철 기온이 영하 20도를 오르내렸는데 얇은 내의에 교복만 입고 새벽길을 내달리면 춥다는 생각보다는 오히려 각오가 더 새로워지곤 했다. 신문 배달로 3시간 동안 이 골목 저 골목을 달리다 보면 등교시간이 되곤 했다. 고등학교, 대학 때는 입주형 가정교사로 생활비와 등록금을 동시에 해결했다. 거처를 옮길 때는 책가방과 이불 하나만 싸들고 버스에 오르면 '이사 끝'이었다. 그 시절 나의 지상 최대 과제는 생활비와 등록금 마련이었다.

그리고 시골에 계신 홀어머니를 늘 걱정하며 외롭고 힘들게 살아야 했으니 그야말로 사고무친(四顧無親)이었다. 아버지는 돌아가실 때 단돈 1원도 남기지 않았기에 자식으로 하여금 바랭이풀처럼 강인하게 살게 만들었다. 이런 환경에서 살다보니 자신노 모르게 '스스로 살아남는 방법'을 찾게 되었고, 정신적으로 늘 무장할 수밖에 없었으며, 그런 자세가 몸에 배게 되었다.

학업을 마친 뒤에도 여러 학교를 다니며 신학문의 흐름을 익히고 또 많은 친구를 사귀었다. 30여 년 전, 직장을 다니면서 '경영지도사' 자격시험을 준비하느라 퇴근 후 매일 새벽 2시까지 1년간 몰두했다. 다행히 시험에 합격해 훗날 연구원을 설립하여 인재를 양성하고 경영컨설팅 회사를 경영하는 토대가 되었으며 또한 살아오는 동안 여러 고비마다 생활의 방편이 되기도 했다.

이제 돌이켜보면 어려서부터 그토록 힘겨운 삶을 버텨 낼 수 있었던 것은 환난을 겪으면서도 소망을 갖고 노력하면 반드시 길이 열린다는 확신을 갖고 내일을 바라보았기 때문인 것 같다.

베이비붐 세대 은퇴 준비 5원칙

1. 이제 곧 다가올 평균수명 100세 시대에 대한 준비를 해야 한다.
2. 자산도 위험성이 높은 것은 안전성 위주로 옮겨야 한다.
3. 자식의 미래보다는 자신의 미래를 더 생각해야 한다.
4. 은퇴 전에 어떤 일을 했든 눈높이와 기대수준을 낮추어야 한다.
5. 건강 관리와 운동에 힘써야 한다.

바로 리셋 버튼을 누르고 들메끈을 고쳐 매자

먼저 인생을 새롭게 살아가겠다는 강력한 의지가 필요하다. 현재 상황에 대한 인벤토리와 리셋이 잘 안 된다면 당신은 현실 직시가 안 되는 사람이다. 긍정적 또는 낙천적(?)이란 핑계를 달아 그야말로 "내일 일은 나 몰라요" 하는 스타일이다.

청년시절의 꿈이 아직도 이루어지지 않았다면, 일단 무엇이 부족했는지 되돌아보아야 한다. 목표했던 '과녁'에 왜 화살이 적중되지 않았는지, 화살을 어디에 어떻게 쏘았는지 말이다.

유명작가이자 수십 권의 저서를 남긴 '브라이언 트레이시' 인터내셔널 회장은 평소 '별똥별 소원 빌기'를 주장해 왔다. "별똥별이 떨어질 때 소원을 빌면 그 소원은 반드시 이루어진다"는 것이다. "과연 그렇게 될 수 있는가"라는 질문에 그는 이렇게 대답했다.

"별똥별은 1초 동안에 떨어진다. 그 짧은 순간에도 자신의 소원을 빈다는 것은 그만큼 목표가 뚜렷하고 그만큼 간절하다는 것이니 반드시 이루어진다."

20대, 30대, 40대까지는 실수로, 또는 부족해서 자신의 꿈을 이루지 못했다고 치자. 그러나 50대가 되어서도 못 이루었다면 문제가 있는 것 아닌가. 이제라도 '과녁에 적중'시킬 길은 없는 것일까. 방법은 단 한 가지, 바로 '리셋 버튼'을 힘차게 누르면서 들메끈을 고쳐 매는 것이다.

영어로 "꿈은 어디에도 없다(Dream is Nowhere)"에서 'Nowhere'를 'Now-here'로 고쳐 쓰면 '지금 여기에'가 된다. 부정이 긍정으로 변한다. 과녁을 응시하며 된다는 확신을 가지고 자세를 가다듬어 힘차게 화살을 당기는 것이다. 옛말에도 "정신일도 하사불성(精神一道 何事不成)"이라 했다.

'리셋 버튼'을 눌러 보았는가. 상황이 복잡하고 앞날이 막막하면 선배의 경우를 벤치마킹하는 것도 효과적이다. 학교 선배 또는 직장 선배는 당신과 흡사한 환경과 조건에서 어떻게 인생 후반을 개척했는지, 좋은 관찰 대상이 된다. 예를 들어 직장 선배가 잘 나갈 때는 언제였는가. 40대였는가, 아니면 50대였는가. 어쩌면 지금의 당신 나이였을지도 모른다. 지금 그 선배는 어떤가. 어떤 입장에서 무슨 일을 하고 있는가. 주위의 평가는 어떤가. 그 선배가 퇴직하는 날 회식자리에는 몇 명이 모였는가. 혹시 당신을 포함해서 세 명만 모이진 않았는가. 그토록 쓸쓸한 자리에서 당신이 느끼는 것은 무엇이었던가.

한편, 또 다른 선배는 퇴직하는 자리에 수많은 직장 동료들이 와서 서로 위로와 격려를 나누는 경우가 있었을 것이다. 그는 평소에도 친절하고 배려하는 자세로 동료들로부터 인기가 높았을 것이다. 업무 추진 능력도 우수하여 회사에 많은 기여를 했을 터이고, 늘 진취적이고 전향적인 계획을 갖고 있었다. 그리고 다른 회사로 전직할 곳도 이미 결정된 상태였을 것이다. 두 선배의 경우에서 무엇을 깨닫게 되는가. 당신이 가야 할 길이 보일 것이다.

마지막에 "아! 내 인생은 행복했다"라는 말을 남기고 싶은가. 그렇게 하려면 결국 내가 살아가는 동안 해야 할 일과 하지 말아야 할 일을 수시로 인벤토리하는 것이다. 그렇게 해 보면 앞으로

40~50년 동안 적극적으로 해야 할 일은 무엇이고 버려야 할 일은 무엇인지 구별이 된다.

적극적으로 해야 할 일은 어떤 것일까. 예를 들면 건강을 위한 운동, 새로운 일(직장)을 위한 노력, 자산관리를 위한 정보수집과 투자교육 참가, 새 친구 사귀기, 취미활동 등이 '플러스 카테고리'가 될 것이다. 그 외 버킷리스트에 적힌 항목들이 추가됨은 물론이다.

남은 반생을 위해 새 좌우명을 마음판에 새겨라

지금까지 살아오는 동안에도 수많은 가시밭길이 있었을 것이다. 나라 안팎이 잠시도 편한 날이 없었고 그 속에서 개개인의 삶 또한 고난의 연속이었다. 휴전 없는 고통과의 전쟁은 앞으로도 계속될 것이다. 고통이 삶의 필수품이라고 해서 목청을 높여 "왜 이렇게 살기가 힘든가"라고 소리쳐 봤자 소용없다.

내게 닥치는 고난을 과연 누가 발벗고 나서서 해결해 줄 것인가. 자기 자신밖에 없다. 혹시라도 남이 만들어 주는 행복이란 늘 불확실하고 일시적이며 착각일 수밖에 없다.

아놀드 토인비가 말한 대로 "인류의 역사는 도전(Challenge)과 응전(Response)의 역사"다. 산다는 것은 수없이 다가오는 문제와 고통에 어떻게 대응하느냐에 달려 있다. 세상이 아무리 험난하더라도 우리는 살아내야만 한다. 그리고 잘 살아야 한다. 왕복 티켓

없는 일회성 삶을 낙오되지 않고 잘 살려면 어떻게 해야 할까. 결론은 자신의 삶에 대한 정신과 자세에 달려 있다.

필자도 마음이 나약해지고 자세가 흐트러질 때는 인권변호사였고 감사원장을 지내신 한승헌 선생의 시(詩)를 암송한다.

"이제 우리에게 메시아는 없다. 쓰고 지우고 다시 새기는 당신의 노래가 오늘이 되게, 내일이 되게 하라."

여기서 '메시아'는 종교적인 풀이로만 볼 것이 아니다. 나는 이 메시지를 마음에 새기며 자세를 가다듬곤 한다. 결국 자신의 인생 무대는 자신이 설치해야 하고 주연과 감독 또한 스스로 해 나갈 수밖에 없다. 거기에다 자신에게 다가올 좋은 기회를 위하여 항상 준비하는 자세가 필수다. "기회는 나는 새와 같다"는 시구를 기억하자.

● 제3장
● 창업과 백문백답

아직도 스타플레이어로 살고 싶은가

우리는 항상 자신의 능력을 파악하고 대비하여야 한다. 계획과 준비 없이는 세상 살아가기가 어렵고 힘들다. 직장 생활을 하다 보면 어느 날 자회사로 파견 근무를 가거나 관련 회사로 전직하게 되는 경우가 있다. 요즘은 파산하는 회사도 많다. 지난날 실제로 겪은 IMF 사태를 기억할 것이다. 공룡처럼 큰 대기업, 은행, 증권사, 심지어 국가 공기업조차도 빚에 몰려 전전긍긍했었다.

'포춘' 지에 의하면 세계 굴지의 회사로 떠오른 500대 기업 중 한 해에 100개의 회사가 순식간에 종적을 감춘다고 한다. 그래서 샐러리맨은 일 년 내내 불안하다. 혹시 어느 날 갑자기 길에서 방황하게 되면 어쩌나 하는 걱정과, 내가 행복할 수 있는 직장은 어디일까 하고 탐색하게 된다.

그러한 불안감을 극복하기 위해 꼭 필요한 것이 바로 자기진단 (inventory)이다. 현재 자신의 상황을 점검해 보면 앞으로의 길이 보일 것이다. 한 가지 명심할 점은, 잘나가던 지난날처럼 계속해서 '스타플레이어'로 살 수 있을 것인가를 치밀하게 점검해 보라는 것이다. 앞으로도 조직에서 승승장구하여 최고경영자의 자리가 보장되어 있다면 그건 별문제다.

언론에도 오르내리고 조직의 장으로서 빛나는 삶을 살 수도 있겠지만 그런 경우는 극소수에 불과하다.

은퇴자는 직장 생활의 꿈을 접으면서 대개 창업을 꿈꾼다. 소규모 점포 운영에서부터 식당, 편의점, 도소매업 등에 눈을 돌린다. 더러는 규모가 큰 사업에 의욕을 보이기도 한다. 지난날의 화려했던 자신을 잊지 못하기 때문이다. 그러나 창업의 성공률은 극히 낮은 게 현실이다.

화려한 꿈을 펼칠 여건과 가능성이 없다면 차라리 '스타플레이어'로서의 꿈은 일찌감치 접고 조용히 내실 있게 사는 방법을 강구하는 것이 현명하다. 의욕만 가지고 현실성 없는 일에 매달리다 보면 너무 피곤한 삶이 되지 않을까.

창업, 결코 만만치 않다

현대사회에서는 회사가 언제 문을 닫을지 모르는 위험에 늘 노출되어 있다. 이런 환경에서 직장에 다니던 50~60대 전후의 사람은 퇴직 후의 삶을 놓고 갈림길에 서게 된다. 은퇴 후의 직업 찾기 방법은 대개 두 가지로 요약된다.

하나는 퇴직하면서 스스로 창업을 하는 길이고, 다른 하나는 지금의 회사를 더 늦기 전에 그만두고 좀 더 장기적인 일자리를 구하는 것이다. 그런데 평소 능동적으로 열정을 갖고 일하는 사람 중에는 퇴직 후 창업하려는 이가 많다. "내가 직장에서 고생한 것의 반만 해도 성공할 수 있다"고 장담하면서 말이다.

하지만 창업이란 결코 만만치 않다. 옆에서 남의 일로 바라본 것과는 천지 차이다. 창업을 하는 순간부터 오너는 모든 책임을 혼자 짊어져야 된다. 힘겹고 고독한 자리에 앉기 전에 반드시 치밀한 사전 검토와 전문가의 조언을 구해야 하며, 수많은 투자여건과 자신의 재정, 경험, 시장에 대한 지식과 이해, 사업능력 등을 분석해야만 한다. 그런 과정을 거치더라도 성공률은 극소수에 불과하다. 나에게 의견을 묻는다면 답은 "은퇴 시기를 맞으면서 창업은 하지 마세요"다.

대부분의 은퇴자들이 쉽게 생각하고 식당, 편의점 등 자영업을 시작하는 경우가 많은데, 요즈음은 불경기인데다 그런 점포가 너무 많아서 무한경쟁을 해야 되고, 고정월급을 주고 인원을 채용할 수가 없으니 일용직을 채용하게 된다. 그런데 요즘은 최저임금이 시간당 7,530원이다. 머잖아 10,000원으로 인상하라는 게 새 정부의 시책이다. 이를 어길 경우 처벌도 받게 된다. 그러다보니 주인 부부가 온종일 함께 뛰어도 일손이 부족하니 아르바이트를 쓰지 않을 수가 없지만, 별로 남지 않는 수익구조에 인건비로 어려움을 겪게 된다. 결국은 자녀까지 동원해서 매달리게 된다.

통계를 보면, 자영업자의 1년 이내 폐업률이 무려 25%이고, 5년 내 폐업률은 75%나 된다. 그만큼 사업이 어렵다는 결론이다. 그렇다고 규모가 큰 사업에 손을 댄다면 그 성공률은 어떨까. 90% 이상이 실패라는 통계가 있다. 은퇴 후에 창업하여 성공한 사례는 찾기조차 어렵지만 단 몇 퍼센트에 불과하다.

'백문백답(百問百答)'을 준비하자

창업은 아직 가보지 않은 미지의 세계다. 그만큼 모험이 뒤따르는 길이다. 창업에 쏟아부운 금액이 많고 적고를 떠나서 실패하면 치명적인 영향을 준다. 옆에서 보기에는 곧 잘될 것 같아도 실제로 해 보면 결과는 천지 차이다. 그래서 수많은 봉급생활자 출신이 실패하는 이유이기도 하다.

오랜 세월 한 직장에서만 일한 사람은 비즈니스 세계를 잘 알지 못하기 때문에 남의 말만 듣고 시작했다가 낭패를 보기 일쑤다. 장기 근속하다가 퇴직한 공무원, 교사, 군인 등의 경우에 더욱 실패 사례가 많은 이유가 바로 여기에 있다.

은퇴자에게는 반드시 친절하게 접근해 오는 사람이 있다. 특히 어느 분야에 오랜 경험이 있다면서 대박 나는 사업을 하자고 동업을 제안해 오는 경우가 있는데, 바로 이때 주의하여야 한다. 이런 경우 악의적으로 접근하는 사람도 많고 또 실제로 잘 모르면서 막연한 기대감만으로 사업을 시작하자고 제안하는 경우도 많다. 만일 그 꾐에 넘어가 투자를 하면 실패하기 십상이다. "평생 다닌 직장에서 받은 퇴직금을 남에게 속이시 다 날렸다"는 기막힌 사례들이 바로 이런 경우다.

창업을 하려면 어떤 사업 아이템을 불문하고 적어도 백문백답을 만들고 전문가에게 치밀한 분석과 자문을 받아야만 한다. 듣기 좋은 말만 듣고 창업하거나 사업에 투자하면 성공률보다는 실패 확률이 훨씬 더 크다는 사실을 명심하여야 한다.

따라서 창업하려면 '돌다리도 열두 번 두드리는 각오'로 임해야 한다. 나의 사업 실패 경험을 들으면 다소 참고가 되지 않을까.

실패는 예기치 않은 데서 발생한다

나도 40대 중반에 어느 대학 재단의 기업을 인수하여 경영한 적이 있다. 가축용 사료를 일괄 생산, 공급하는 회사였는데, 공장과 본사가 있던 그 지역에는 대단위 가축농장들이 많았으나 사료 공급 회사가 먼 거리에 있어 공급과 판매의 사각지대였다. 그런 상황은 사업상 매우 유리한 조건이었다. 그 회사는 그런 좋은 여건을 가진 기업임에도 경영 성과가 별로 좋지 않았다. 원인은 단 하나, 교육 분야에만 종사해 온 교직원, 교수 출신 퇴직자가 관리자로 부임하여 현장 경영관리를 잘 못했기 때문이다.

나는 생산, 판매, 재무, 유통, 인력문제, 환경 등 여러 항목을 꼼꼼히 나열하여 스스로 '백문백답집'을 만들었다. 나 자신이 경영 컨설턴트로서 수많은 조직의 경영진단을 해 온 경험이 있기에 인수 대상 기업의 체크 항목 중 만에 하나 있을 수 있는 예비 문항도 빠짐없이 넣었다. 그리고 평가 결과를 전문가들에게 보이고 자문도 받았다. 최종 분석 결과는 100점 만점 기준 90점이었다. 이 정도면 '묻지 마' 식으로 해도 큰 문제가 없는 상황이었다.

그런데 시작한 지 6개월 후 전혀 예상 밖의 문제들이 터지기 시작했다. '백문백답집' 항목에는 없던 뜻밖의 문제들이 튀어나왔다. 내가 경영하는 회사 정문 앞뒤로 대기업들이 앞을 다투어 사료

판매점을 개설하면서 가격경쟁(덤핑)이 시작되었고, 판매대금도 어음기간을 3개월에서 6개월로 늘리는 등 자금력 경쟁까지 벌여야 했다.

게다가 인근 지역에 있는 축산협동조합에서 대단위 공장을 신축하면서 현물수납 방식(도축시설을 갖춰 놓고 가축 현물을 사료대금으로 계산하여 받음)을 도입하였다. 설상가상으로 구제역이 발생하여 돼지 수출길마저 막히자 각 농장에서는 새끼를 낳으면 그 자리에 땅을 파고 묻어 버리는 사태까지 발생하였다. 키워 봤자 사료 값도 건지지 못했기 때문이다. 가축 농가와 농장, 사료업체는 빈사상태가 되고 말았다. 이쯤 되면 게임은 끝나게 되어 있다. 이럴 때는 자본력이 약한 쪽이 두 손을 드는 것이다.

나는 결국 실패하고 말았다. 있는 힘을 다해 사태를 극복해 보려 했으나 허사였다. 결국 회사를 정리하고 공장을 팔아 원부자재 미지급대금과 종업원 퇴직금 등을 모두 지급하고, 막걸리 서른 통을 사서 150여 명의 직원들과 나눠 마시며 석별의 정을 나누었다.

밤 11시, 서울행 야간열차에 피곤한 몸을 맡긴 내 주머니에는 단돈 15,000원이 남아 있었다. 실패의 결과는 쓰디쓴 열매만 남겼다. 살던 집은 채무담보로 날아가고, 약간의 저축은 씨가 말랐으며, 엄청난 빚이 대추나무에 연 걸리듯 늘어서서 어깨를 짓눌렀다.

그 후 나는 두고두고 그 실패 사례를 곱씹으며 원인을 분석해 보았다. 명색이 경영컨설턴트인데 그렇게 허망하게 실패했다는 사실과 백문백답 항목에도 없던 예상 외의 문제가 튀어나왔다는 사실이 몹시 자존심을 상하게 했다. 하지만 정답은 나의 잘못이었다. 사업을 접은 후에 정리해 본 실패의 원인은 다음과 같았다.

첫째, 사업을 시작한 곳이 공급 사각지대로서 사업상 유리하다면 다른 기업이 와서 경쟁할 것이라는 점.

둘째, 축협이 새로운 생산 판매방식으로 공격적 경영을 할 것이라는 예측과 정보 미흡.

셋째, 가축물의 해외 수출이 일시에 막힐 수도 있을 것이라는 예측 등.

이런 점들을 미리 간파하지 못했던 것이다. 실패는 언제나 전혀 예기치 않은 데서 발생한다. 실패한 후에 누구를 탓할 수도 없다. '운이 나빴다'고 자위해 봤자 결국 손해는 자신에게 돌아오는 것이니 '후일을 위한 뼈아픈 교훈'으로 삼아야 할 뿐이다. '실패는 성공의 어머니'라는 말을 위안으로 삼으면서 말이다.

경영자는 염색체가 다르다

퇴직 후 창업을 꿈꾸는 사람들은 대개 사업에 성공한 주위사람이나 지인, 자신의 직장 사장을 바라보며 창업을 쉽게 생각한다. 그러나 막상 창업을 해 보면 그렇지 않다는 것을 뒤늦게 깨닫게 된다.

창업 경영자는 어떤 사람들인가. 창업하는 사람은 봉급생활자처럼 20~30년을 남에게 의지하여 살아온 게 아니라 스스로 일을 개척하고 이끌어 온 사람이다. 그리고 실패를 두려워하지 않으며 꼭 성공할 것이라는 신념을 갖고 '올인'하는 성격의 소유자다. 그러다 보니 삶 자체가 치열하고 굴곡도 심하다.

사업에 실패하면 종업원에게 임금이나 퇴직금을 주지 않았다는 이유로 형사처벌을 받고, 심지어 교도소에 가기도 한다. 그뿐인가. 갖고 있던 재산은 모두 압류되고 살던 집도 경매 처분당하여 가족들이 길바닥에 나앉기도 한다.

반면, 샐러리맨은 어떤가. 물론 그들은 업무처리에 대한 이론과 실무 능력을 겸비하여 직장인으로 성장해 왔다. 나름대로 남다른 노력을 해서 그 위치에 이른 것이다. 기업은 그들의 능력을 평가하여 채용하고 노동의 대가로 급여를 지급한다. 종업원은 생계와 사회활동을 위해 취업하지만 그렇다고 싫은 일을 억지로 하지 않아도 된다. 그러니까 사업자보다는 비교적 평탄하게 살아온 셈이다. 어찌 보면 온실 속에서 안주해 온 게 사실이다.

그러나 기업주는 어떤가. 어떤 일이든 싫다고 해도 안 할 수가 없다. 하루아침에 그만둘 수도 없다. 자신에게 부여된 책임이 있기 때문이다. 어떤 고난과 역경을 만나더라도 이를 악물고 헤쳐 나간다.

그래서 미래학자인 조지 길더는 "기업인은 5대양 6대주를 돌며 오직 기업과 종업원들을 위하여 홀로 외로운 투쟁을 계속한다. 그는 세련되지도, 교양이 있어 보이지도 않는다. 그러나 그는 진정한 애국자다"라고 극찬하였다. 기업가는 기업을 위해서 모든 것을 바치는 사람이기에 "창업 경영자는 염색체가 다르다"는 말도 있는 것이다. 당신도 과연 그런가. 스스로 평가해 보길 권유한다.

창업자본금의 원칙

정년퇴직 후에 창업하려는 사람은 90% 이상이 퇴직금을 밑천으로 삼으려 든다. 동업자와 공동 투자하는 경우에도 역시 재원은 퇴직금이다. 또 일부는 살고 있는 집을 담보로 금융기관에서 자금을 빌리기도 한다. 참으로 아슬아슬한 일이다.

하지만 평생을 봉급생활자로 지내 온 사람이 퇴직금으로 창업하여 성공할 확률은 1%도 안 된다. 그럼 타인의 자본으로 시작하면 성공한다는 것인가. 그런 말이 아니라 50~60세까지 직장 생활에 익숙해진 사람은 경험이 없어서 비즈니스 세계를 잘 모르는 데다가 체질적으로도 '올인'하기가 어렵기 때문이다. 그만큼 창업 성공률이 낮다는 것이다.

또한 지금까지의 전례와 통계가 이를 입증하고 있다. 퇴직하면 좋은 사업 아이템이 있다면서 이 사람 저 사람이 접근해 오는 경우가 많다. 그런 경우에는 듣지도 말고 아예 만나지 않는 게 상책이다. 소극적 조언일지는 모르지만, 솔직히 나는 창업을 권하고 싶지 않다.

만에 하나 창업해서 사업 밑천이었던 퇴직금까지 날린다고 상상해 보라. 또 사업이 여의치 않아 살고 있는 집을 늘려 버린다고 가정해 보면 앞이 캄캄할 노릇 아닌가. 그 돈이 어떤 돈인가. 퇴직금은 평생 회사에 헌신한 대가이며 가족들의 생활 밑천이 아닌가. 또 앞으로 그런 목돈을 만져볼 기회가 다시 있겠는가. 그럼에도 굳이 모험을 감행할 필요가 있는가. 만일 당신이 100번을 생각하고 심사숙고 끝에 꼭 창업을 고집한다면, 나의 의견은 이렇다.

"생계비는 반드시 남겨두고 투자금은 당신이 손해를 봐도 될 정도의 금액만으로 한정하라!"

은퇴 후에 창업하려면 무엇보다도 자신의 경력(경험)과 전문분야가 아니면 안 된다. 잘 모르면서 뛰어들었다가는 '백전백패'의 가능성이 매우 높다. 교직 생활을 한 분이나 군, 학자 또는 공직에서 은퇴 후에 창업하는 경우를 보면, 동업자에게 사기를 당하거나 경험 부족으로 실패하는 경우가 많다.

　주변에서 친구 말만 믿고 느닷없이 주식(선물)에 손을 댔다가 가진 것을 모두 잃고 빚더미에 앉은 사례를 보았다. 뿐만 아니라 시대의 변화 속도가 빨라서 자신이 쌓아 온 노하우가 있다 하더라도 통용되지 않는 사례도 많다. 예전의 노하우가 하나의 '에피소드'로만 남는다는 얘기다.

　은퇴 후에 흔히들 시작하는 식당도 앞날을 장담할 수 없고 편의점도 결코 쉽지 않다. 그렇다고 큰 자본금을 투자하여 공장을 설립하고 대량생산 판매체제를 갖추는 것도 쉬운 일은 아니다. 다행히 히트상품이 될 만한 특허권을 가졌다 하더라도 우리나라는 모방과 짝퉁이 판을 쳐서 독자적으로 성공하기가 쉽지 않다. 말하자면 창업 아이템 찾기와 투자 대상 찾기가 참으로 어렵고 조심스럽다는 결론이다.

100세 시대, 실버산업이 떠오른다

우리나라도 고령화 시대를 맞이하면서 실버마켓 규모가 확대되고 있다. 정부 예측에 따르면 2020년에는 시장규모가 150조 원에 이를 것이란 전망이다. 하지만 국내 실버산업은 아직은 주로 노인을 대상으로 한 민간 차원의 '요양시설'이나, 공무원 신분인 '사회복지사'가 독거노인 돌보기에 나서는 기초단계라 할 수 있다. 민간 차원에서는 환경호르몬 차단을 위한 숯요법, 황토요법, 옥(玉)요법, 쑥요법, 소금찜질요법 등의 시설이 눈에 띄는 정도다.

노후세대를 대상으로 설문한 결과, 집에서 요양 서비스를 받고 싶어 하는 응답이 60% 이상 나왔다. 미국은 90% 이상이다. 노인들은 대부분 살고 있는 집에서 노후를 보내고 싶어 한다. 부부가 실버타운에 입주하여 살면 모를까, 요양원 등에 가서 지내기는 싫어한다.

한국보건산업진흥원은 해외 기업들의 공격적인 국내 진출로 2020년 국내 요양 서비스 시장이 현재의 두 배인 12조 원까지 확대될 것으로 전망하고 있다. 현재 미국의 '바야다(BAYADA HOME HEALTH CARE)'사와 일본의 '롱라이프 그린케어(LONG LIFE GREEN CARE)' 사가 국내에 진출해서 영업을 하고 있다.

그럼 우리나라 독거노인을 돌보는 복지 인력 상황은 어떨까. 매년 증원을 하고 있지만 아직도 사회복지사 인력은 태부족 상태다. 인구 1천 명당 0.7명꼴로 일본의 1/4 수준에 불과하다. 사회복지사의 임금 수준도 9급 초임 급여가 수당 포함 월 160만 원 정도이니 온전한 서비스가 가능할지 걱정이다. (자료 연합뉴스)

우리나라는 실버산업 분야의 발전도 아직은 미미하다. 이웃 일본에 비해 매우 뒤떨어져 있는 상황이다. 주거, 의료, 요양, 용구 · 용품, 기기 · 기구, 재택 복지 서비스(간호, 가정봉사원 파견 등), 여가, 정보, 학습, 자연체험, 문화답사, 여행, 실버 푸드 등 많은 분야에서 겨우 걸음마 단계다. 아울러 세제, 금융 면에서도 이 분야의 발전이 이루어지도록 제도적 뒷받침이 필수사항으로 꼽힌다.

미국과 일본에는 오래전부터 '노인돌보기사업(Home Instead-Senior Care)'이 시작되었다. 시니어(노인)들을 위한 '돌봄사업'이다. 잠자리, 옷입기, 음식, 병원가기, 쇼핑, 세탁과 다림질, 집안청소, 안전, 건강, 심리치료에 이르기까지 다양하다. 일상생활 모두를 살피고 챙겨 주는 서비스다.

일본은 세계에서 가장 빨리 고령화로 접어든 나라다. 따라서 실버산업도 일찍이 발달되었다. 이미 수십 년 전부터 공공기관이나 기업의 은퇴자들이 노후를 대비하여 조합을 구성하고 전원주택을 여러 곳에 짓고 있다. 집 앞에 딸린 텃밭에 야채류를 손수 가꾸어 먹을 수 있게 하고 운동 삼아 가벼운 노동도 겸하게 하는 일거양

득의 효과를 보고 있다.

노인이 사용하는 각종 생활용품이나 간호기구 등도 매우 발달되어 있다. 뿐만 아니라 십 수억 명의 인구를 자랑하는 중국 실버산업에도 눈을 돌려 진출을 확대하고 있다. 10년 후의 아시아 노인인구가 무려 5억 명이라 예측되기 때문이다.

일본의 실버산업

- 기기 · 기구(개호[介護]보험 구입, 대여 가능)
- 용구 · 용품
- 소모품(종이기저귀)
- 고령자주거지법에 의한 서비스가 부가된 고령자용 주택
- 복지용구 대여 서비스
- 돌봄 서비스(다양한 서비스가 가능하며 안 되는 일이 거의 없을 정도임)
- 간호 및 돌보기 로봇 등장

  소프트뱅크사가 제작한 로봇 'Pepper'가 부족한 인력을 대신하고 있다. 운동강좌, 라디오 체조, 리크레이션 진행, 야간 순찰, 중환자 돌봄, 커뮤니케이션, 대화 나눔(일어나서 차를 마십시다!) 등이다.

"일본의 오늘 모습이 10년 후의 한국 모습"이라는 말이 있다. 그냥 하는 얘기가 아니라 지난날의 우리 사회가 앞서간 일본의 모습을 닮아 왔기 때문에 그런 말이 나온 것이다. 한국이 일본을 따라간다는 의미다. 예를 들면 지금도 우리나라에서 유행하는 노래방이 그렇고, TV 프로그램과 광고, 도로변과 지하철 내의 소형 편의점도 그렇다.

일본과 한국의 무인자판기 시장 사례를 보자. 일본은 이미 수십년의 역사를 갖고 있다. 그런데 한국은 20여 년 전만 해도 도로변이나 골목에 담배 자판기를 설치해서 무인판매를 시도했을 때, 사람들이 주먹으로 전시대를 부수고 그 안에 있는 실물 담배를 꺼내고 자판기에 담긴 동전까지 도둑질해 갔다. 당시 일본자판기사업협회장은 "한국은 아직 자판기에 대한 인식과 문화가 취약합니다. 좀 더 시간이 필요합니다. 지금 시도하면 실패합니다. 한국도 일본이 겪어 온 오랜 세월의 우여곡절과 전철을 그대로 밟을 것입니다"라고 했었다. 문제는 당시 한국의 국민의식과 수준이 문제라는 지적이었다.

그때 한국에서 시작한 자판기 사업은 모두 실패하고 말았다. 국민 수준이 향상된 오늘날에는 각종 일상용품과 식음료까지 편리하게 판매되고 있으니 다행이지만 한국 사회는 여러 모로 일본이 겪어 온 상황을 따라간다고 보고 있다. 실버산업 분야도 마찬가지다.

선진국의 '홈케어 실버산업' 아이템

은퇴자가 큰 재정적 부담 없이 생각해 볼 수 있는 분야는 다음과 같다. 다만 관련 산업 중 투자, 제조, 생산, 판매, 재무, 경영관리 등 일정한 대사업 규모를 갖추어야 할 분야는 생략한다.

동반자 서비스

- 가족 대신 어르신 지킴이
- 야간 지킴이
- 다양한 주제의 말벗
- 편지쓰기
- 종교생활 동행
- 바둑, 장기 두기
- 공예품 만들기
- 독서도우미
- 약속, 모임, 일정관리
- 조리법 기록, 정리
- 쇼핑 동행
- 이웃, 친구 방문
- 외식 동행
- 운동경기 동행
- 나들이 계획, 동행
- 규칙적인 운동계획, 동행
- 병원 동행
- 약복용 시간, 횟수 관리
- 입퇴원 수속처리 대행
- 기상 서비스(상쾌한 아침 맞이하기)
- 집안 환경 안전점검 및 유지
- 연극, 영화 등 문화생활 동행
- 사진첩, 가족 앨범 정리
- 자서전 기록
- 게임, 카드놀이를 통한 인지능력 향상 자극
- 잠자리 준비(편안한 수면 환경 조성)

가사도움 서비스

- 간단한 집안청소
- 빨래와 다림질
- 식단 관리
- 식사 준비, 정리정돈
- 음식 미리 만들어 놓기
- 잡지, 신문, 책 구매 대행
- 약국, 마트, 우체국 등 심부름 서비스

- 세탁물 맡기고 찾기
- 옷장정리, 청소
- 애완물 관리
- 화초 또는 난 가꾸기 등
- 장보기 목록 작성, 구매 대행

신체수발 서비스

- 식사보조
- 몸단장
- 옷 입히기

(자료 다음카페 아티스트 조씨)

이와 같은 사업은 다음과 같은 장점이 있다.

- 큰 자본이 필요하지 않다.
- 거대한 공장과 시설이 전혀 필요 없다.
- 성실하고 인성이 고운 사람으로 인적 구성을 갖추고
- 운영프로그램을 섬세하게 준비하여
- 소정의 교육을 잘 시키면 가능한 사업이다.

이와 같은 '실버 홈케어' 산업은 이 시대에 눈여겨볼 분야로서 노년층이 해볼 만한 사업이다. 독자적으로 사업하기가 부담스러우면 기존 업체와 제휴하여 프랜차이즈 형태로도 가능하다. 업무 자체가 고령자를 상대로 하는 일이므로 노년층은 고객의 입장을 충분히 이해할 뿐만 아니라 심리적으로도 깊은 이해가 되어 세심한 배려가 따른다.

귀농(歸農) · 귀어(歸漁) · 귀촌(歸村)도 방법이다

도시에서 생활하는 사람들이 평소에 꿈꾸는 소망이 바로 전원생활이다. 가요에도 "저 푸른 초원 위에 그림 같은 집을 짓고"라는 가사가 있듯이, 양지바른 곳에 아담한 집을 짓고 텃밭을 가꾸며 유유자적하는 삶을 그리며 살아왔다. 거기엔 낭만이 있고 소박한 행복을 만끽할 수 있다고 생각해 왔다. 그렇게만 할 수 있다면 얼마나 좋을까.

은퇴 후의 생활 방법으로 귀농 · 귀어 · 귀촌에 대한 관심이 높아지고 있다. 2016년 기준 귀농 · 귀촌 가구는 33만6,000가구, 인원수로 따지면 49만7,000명이다. (귀촌은 도시에서 농촌으로 이사하는 것이고, 귀농은 농업을 생업으로 하고자 농촌으로 이주하는 것을 뜻한다.)

최근 정부와 지방자치단체가 운영하는 귀농·귀촌 학교들이 늘어나 수강생들로 붐비고, 한국방송통신대학 농학과 재학생수는 4,500명이 넘는다. 은퇴자들은 물론 젊은층에서도 귀농·귀촌을 통해 성공을 거둔 사례도 많다.

인구가 감소하는 시(市), 군(郡)들이 도시 출신 귀농인에게 빈집을 반값 또는 무료로 빌려 주며 '모시기'에 나서고 있다. 경상남도에서는 빈집을 리모델링하여 주변 시세의 반값으로 귀농·귀촌인에게 임대하는 '빈집 활용 반값 임대주택사업'을 추진하고 있다. 1년 이상 사용하지 않은 빈집 20여 채를 선정하여 집주인에게 리모델링 비용을 최대 1,500만 원까지 지원하고 귀농인과 신혼부부, 저소득자에게 주변 시세의 반값으로 빌려 준다. 도청에서는 이 사업을 위해 빈집 정보시스템도 구축해 놓았다.

전라북도 익산시와 고창군은 경상남도와 마찬가지로 빈집 주인으로부터 신청을 받아 최대 1,200만 원의 리모델링 비용을 지원하고 귀농인들에게 반값에 빌려 준다. 김제시에서도 빈집 임대사업을 위해 예산 5억2천만 원을 확보해 두었다고 한다.

경상북도 문경시에서는 귀농인을 위해 방 2~4개짜리 빈집을 직접 사들여 깨끗이 수리해서 완전 무료로 빌려 준다. 입주 자격은 '70세 미만 동(洞), 읍, 면 출신이 아닌 도시 출신이어야 하고, 가족단위로 와야 되며 귀농교육을 이수하는' 조건이다. 2014년 주택 세 채로 이 사업을 시작했는데 지난해에는 아홉 채를 제공했다.

그래서 도시로부터 471명이 전입했다. 고윤환 문경시장은 "귀농·귀촌하는 분을 모시기 위해 거주 여건이 좋은 빈집을 골라 제공한다"며 "문경을 귀농 1번지로 만들 것"이라고 말하고 있다.

이렇듯 전국적으로 지자체에서 도시인을 모시다시피 각종 혜택을 마련하고 있으니 귀농·귀촌에 대한 여건이 좋아지고 있음은 분명하다. 은퇴자로서는 일단 의지를 갖고 도전해 볼 만하다. 낭만적인 전원생활을 꿈꾸든, 새로운 생업(生業)을 개척하기 위해 도시생활을 접고 시골로 가서 꿈을 이룬다면 개인적으로나 국가적으로도 매우 바람직한 일이다. 다만 모두 성공하기가 그리 쉽지만은 않다는 게 문제다.(자료 조선일보 2018. 1. 26)

귀농·귀어·귀촌에 대한 현황

귀농·귀어·귀촌한 10가구 중 7가구는 '나홀로' 가구라는 통계가 있다. 은퇴 후 귀농·귀촌을 계획하는 경우, 대부분 남성 혼자서 가는 경우가 많다. 배우자의 반대(여성들은 대부분 농촌 생활을 별로 반기지 않는다), 자녀의 교육문제와 결혼 등이 그 이유다. 뿐만 아니라 젊을 때는 혼자 가서 농사일이나 가사일을 할 수 있지만, 70~80대가 되면 문제는 달라진다. 몸도 쇠약해지고 병이라도 나면 고통이 시작되게 마련이다. 처음부터 부부가 함께한 경우에도 한 배우자가 먼저 세상을 떠나면 남은 배우자는 그야말로 인생의 험한 들판에 홀로 남게 되는 것이다.

역귀농 · 역귀어 · 역귀촌 하는 경우

역귀농 · 역귀어 · 역귀촌이란 이미 귀농 · 귀어 · 귀촌을 했지만 상황이 여의치 않아 다시 도시로 되돌아간 것을 말한다. 농촌진흥청의 통계를 보면 1,039명(2014~2016년까지) 중 약 7%가 도시로 되돌아갔다고 한다. 100명 중 7명이란 그리 많은 수치는 아니지만 이 경우에 해당된 사람은 여러 모로 큰 손실을 감수해야 할 것이다. 도시로 되돌아간 원인은 영농 실패 43.5%, 일자리 17.4%, 자녀교육 13%, 건강 13% 등으로 나타났다.

사전 연습과 '철새 출구전략(Exit Plan)'

귀농 · 귀어 · 귀촌해서 계획한 대로 끝까지 행복하게 잘 살 수도 있다. 그러나 만에 하나 그렇지 않은 경우엔 어떻게 할 것인지, 만일을 내비하는 계획을 세워야 한다. 질병으로 병원이나 자녀 곁으로 가야 할 때를 미리 염두에 두어야 한다. 역귀농 · 역귀어 · 역귀촌에 대한 전략이 필요한 것이다. 철새처럼 말이다. 철새는 알맞은 기후, 풍부한 먹잇감, 새끼를 기르기에 적합한 곳을 찾아다닌다. 이와 마찬가지로 사람도 노후에는 살기 좋은 곳을 찾아다니며 살아야 된다는 이치다.

만일의 실패를 만회하기 위해서는 삶의 터전을 바꿀 때도 전략이 있어야 한다. 따라서 연습과정이 필요하다. 사업을 성공적으로 경영하여 자금의 여유가 있는 경우엔 귀촌하여 전원에서의 노후를 즐길 수 있겠지만 직장 은퇴자는 자금 여유가 그리 많지 않다. 퇴직금이 전 재산일 수도 있다. 부모를 모시면서 자녀교육과 결혼문제까지 걱정해야 하는 경우에는, 귀농하면서 가진 자금을 모두 쏟아 넣기엔 위험요소가 너무 크다. 그러니까 '연습과정'이 필요하다.

시골에 내려가서 빈집이나 유휴지를 임차해 쓰면서 몇 개월 또는 몇 년을 살아보는 거다. 그러면서 자신이 계획한 대로 할 수 있는지 여부를 가늠해 봐야 한다. 주변의 영농 현황, 경제성, 이웃과의 문제 등을 면밀히 살펴봐야만 성공적인 귀농이 가능할 것이다. 그러면서 만에 하나 여의치 않으면 다시 돌아갈 '은퇴 철새'가 되라는 의미다.

귀농 · 귀어 · 귀촌 때 갖추어야 할 요건

- 어느 정도 노동을 할 수 있는 건강이 보장되어야 하고
- 가족 구성원의 동의 여부
- 어느 지역에서 무슨 농사를 지어 얼마의 소득을 올려야 할지, 자기 자금 규모에 대한 치밀한 계획이 필요하며,
- 연고지 선택과 준비가 선행되어야만 한다. 자신의 고향 등 연고지를 택할 것인가, 무연고지를 택할 경우 어떤 장점이 있는지를 꼼꼼히 챙겨 봐야 한다. 아무래도 연고 있는 곳이 유리하다.

귀농하는 경우에는 관계기관의 지원보조금도 있고, 전라북도 진안 같은 곳은 지원조례를 제정하여 전담자를 배치, 지도하는 등 체계적이고 전문적인 정책을 펴기도 한다. 지자체로서는 귀농자가 많을수록 인구 증가와 세수(稅收)에도 큰 보탬이 되기 때문이다. 그러나 아직은 정부 차원의 종합적인 지원체계가 미흡한 것이 아쉽다.

제4장
소득을 위한 재취업의 문을 열자

직장인의 은퇴 과정

베이비붐 세대의 산업별 · 직업별 퇴직 내용은 아래와 같다.

- 퇴직이 높은 산업분야는 제조업, 생산자서비스업, 유통서비스업, 건설업, 정보통신산업, 보건업 및 사회복지서비스업, 전문과학 및 기술서비스업, 공공행정, 국방 및 사회보장행정 순이다.
- 직업별로는 기능원 및 조작원, 사무직, 단순노무직, 전문가 및 기술공, 고위임직원, 판매서비스직 순이다.
- 퇴직 유형으로는 자발적 퇴직, 정년퇴직, 명예퇴직 등 다양하지만 은퇴자들에게는 대체로 '강제퇴직'으로 인식되고 있다. 이러한 경험은 미래에 대한 '막막함'으로 이어지고 앞으로

다가올 시간이 미래에 대한 새로운 시간이 아니라 '재난에 대비' 해야 한다는 두려움이 앞서는 경우가 많다.

일에 대한 끊임없는 욕구와 심적 변화

은퇴자들은 퇴직연령에 관계없이 건강이 허락하는 한 일을 통해서 사회적 역할을 유지하고 싶어 한다.

다시 일을 하고 싶어 하는 이유로는 경제적 어려움을 꼽았다. 나아가 자신의 존재감이나 생활 통제의 역할을 희망하였고, 지난날 배고픔의 시절을 이겨내며 산업역군으로 성취감을 맛본 세대로서 아무리 고된 일이라도 그 일이 '즐거움' 이요 '재미' 라고 생각한다. 이들은 자신의 세대는 '오직 일만 하고 놀 줄 모르는 바보' 로 평가하기도 한다.

은퇴자들의 퇴직 경험은 심적 동요를 느끼며 사회에서 밀려났다는 소외감과 배제감을 느끼고 '충격' 이란 극명한 단어로 표현된다. 퇴직이라는 홍역을 치르면서 그들은 다음과 같은 과정을 거친다.

1단계 : 혼돈 단계를 겪고 충격과 홍역을 치름
2단계 : 상황 정리 단계를 거쳐 자신을 돌아보며 자기성찰,

자신이 할 수 있는 긍정적 가능성 모색

3단계 : 다시 나를 찾는 단계-새로운 비전과 자신감 회복

4단계 : 적극적으로 나아가는 단계-혼란의 전환점을 경험하고
　　　　나서 향후 삶에 대한 희망과 적극적 포부

노년기에 변화하는 가치 지향점

　은퇴자들은 은퇴생활에 적응하는 방법으로 두 가지를 꼽는다. 하나는 '많이 버리는 것'이며, 또 하나는 '빨리 노인이 되는 것'이라고 강조한다.

　버려야 할 것의 목록에는 과거 지위에서 얻은 명예나 가족 내의 위치, 경제적 변화뿐만 아니라 이제까지 쌓아 온 지식이나 경험도 포함한다. 지식과 경험으로 자부심을 느끼고 있던 은퇴자에게 지금까지 자신을 유지하게 해 주었던 경험이나 지식이 폐기처분되는 경험은 자신의 존재 의미에 커다란 충격으로 다가오기도 한다.

　뭔가 하고 싶다는 열정과 뭔가 할 수 있다는 자부심은 계속되는 좌절의 경험으로 '무모한 열정과 자부심'으로 간주되면서 오히려 그것이 적응을 어렵게 하는 방해물로 작용한다고 깨닫는다. 따라서 빠르게 그리고 편안하게 적응하기 위해서는 자신이 '쓸모없는

노인'임을 빨리 수용하는 것이 가장 현명한 방법이라고 인식하는 것이다.

조사 결과를 보면, 그들은 이전의 것은 버려야 하고 '쓸모없는 노인'임을 수용해야 한다고 다짐하면서 차츰 표면적으로는 안정을 찾아간다. 복지관에 나가 여가를 즐기고 운동을 다니면서 건강을 다지고 농사나 단순노동을 하면서 안정된 일상의 모습을 보인다. 그리고 건강유지라는 목표 외에 내면의 존재 의미를 찾을 수 있는 일을 새로운 목표로 삼는 모습을 보인다. '황혼기에 뭔가 남기고 싶다'는 생각에 봉사를 하고 그중에서 남들이 안 하는 일을 함으로써 자신의 존재 의미를 확인하고 싶어 한다. 은퇴자들의 이러한 상황은 매우 현실적인 것이므로 안타깝지만 받아들일 수밖에 없다.

유형별 재취업 방법

최근 50~60대 취업률이 급증하고 있다는 긍정적인 소식이 전해지고 있다. 10년 전에는 40대 취업률이 높았는데, 지금은 50~60대 취업인구가 500만 명이 되었으니 10년 사이에 300만 명이 증가했다. 전체 노동인구가 2,430명임을 감안하면 상당한 숫자다. 이는 50~60대가 차지하는 인구 비중에 그 원인이 있겠으나 무척 긍정적인 현상이다. 일과 소득이 필요한 세대 입장에서 보면 다행한 결과다.

우리나라 75세 이상 고령층의 고용률도 17.9%(2015년 현황)로 5년째 OECD 25개 국가 중 1위다. 일본 8.3%, 뉴질랜드 6.1%, 프랑스 0.5%, 덴마크 0.0%, 독일은 1.8%다. 각 나라 노령인구의 취업 비율을 보면 선진국일수록 노년에는 일을 그만두고 여유를 즐기며 산다는 게 우리 현실과 비교된다. 75세가 넘어서까지 뭐든 해야만 먹고 산다는 사실이 가슴 아픈 일이다.

65세 이상 고용률도 2위로 높다. OECD 평균 13.8%의 2배가 넘는다. 그럼에도 우리나라 노인 빈곤 비율은 가장 높다. 노후에 가진 게 없고 연금수입도 없으니 쉬지도 못한 채 생활비를 위해 돈벌이에 나서는 상황이다.(고용비율이 높은 원인에는 풀뽑기나 휴지줍기 등 공공근로사업에 참가하는 노인들이 늘어난 측면도 있다.)

한편, 노동인구의 고령화 문제와 청년층의 취업이 제한된다는 우려도 없지 않지만 능력과 경륜을 갖춘 50~60대가 사회에 기여하는 바가 더 많을 것임은 분명하다.

그럼에도 정년퇴직한 50~60대의 재취업 현실은 만만치 않다. 이런 상황에서 모두가 바라는 '수익도 있으면서 남 보기에 그럴듯하고 사회에 기여도 할 수 있는 그런 일은 없다'는 사실이 우리의 안타까운 현실이다. 이런 여건에서 재취업할 수 있는 길을 유형별로 찾아보자.

아직 퇴직하지 않은 경우 : 취업상태에서 연장하기

현재 근무하고 있는 회사에서 특수한 프로젝트(개발업무)를 맡아 임기를 연장하는 방법이다. 직장에 다니고 있지만 승진도 잘 안 되고 조직에서 인정도 해 주지 않는다면 하루빨리 생각을 바꾸어야 한다. 경우에 따라서는 능력을 인정받지 못하고 승진도 여의치 않을 수 있다. 업무 성격상 분야가 맞지 않거나 업무 추진 스타일에 따라서, 또는 인맥구조상 그럴 가능성도 있다. 하지만 이유가 어찌되었건 현실에 적응하지 못하고 있는 건 사실이다.

자신의 입장을 중심으로 냉정하게 살펴보자. 옛말에 "글씨 못 쓰는 이가 붓만 탓한다"고 했다. 미안한 말이지만 어찌 그게 남의 탓인가. 모두 자신의 능력 부족이다. 운이 나쁘다고 생각해도 좋다. 하지만 프로를 원하는 세상에선 그런 것이다. 현대는 '능력주의 인사고과시대'다. 만일 어느 분야에서 능력이 뛰어나고 높은 성과를 올렸음에도 그런 편파적인 인사가 이루어졌다면 더 이상 그 조직에 미련을 가질 필요가 없다. 그런 조직은 틀림없이 오래가지 못할 것이며, 다른 조직에서 당신의 능력을 높이 평가하고 스카우트 제의를 해 올 것이기 때문이다.

앞으로 5년 내지 10년 더 회사에 근무하는 동안, 어떻게든 실적을 남기고 인정을 받아 임원으로 승진하거나 취업 상태가 유지되기를 소원한다면 길은 얼마든지 있다. 실현 가능한 새로운 실천 계획을 짜면 된다. 즉 어느 분야를 선택하여 무엇을 개발할 것인가를 고민한다. 작은 조직으로 소수 인원이 할 수도 있다. 지난 20~30년 동안 일해 온 경험과 능력을 총동원하여 기획, 재무, 인사, 생산, 기술, 판매… 등 여러 분야에서 획기적인 업무 개선 방안과 기술 개발을 목표로 삼을 수도 있다.

어느 조직이든 개선해야 할 점은 얼마든지 있다. 아무리 경영, 기술, 생산 등의 관리가 철저하게 이루어지는 기업이라 할지라도 날로 새로운 경영기법이 개발되는 스피드 경영시대에서 어제의 방식이 오늘도 통할 수는 없기 때문이다. 그렇게 해서 지금부터 정년퇴직 때까지 5년 내지 10년을 두고 연구, 개발에 몰두한다면 회사의 자산으로 남을 만한 획기적인 일을 만들어 낼 수 있다. 그런 계획이 성공하면 당신은 회사에 큰 선물을 주게 되고, 큰 보람을 얻게 될 것이다. 개발자로서의 명성도 남기게 되며 제2의 인생을 멋지게 맞이할 수 있다.

그러려면 프로젝트가 성공리에 끝나는 날까지 '제2의 인생을 충실하게 의미 있게 산다'는 목표를 잊어서는 안 된다. 지금 당장 회사와 협의해 보라. 협의를 시작하기 전, 회사에 기여할 내용과 기대효과에 대한 치밀한 계획을 세워야 함은 물론이다.

다만 한 가지, 회사에 대한 기대치는 최소화하여야 한다. 왜냐하면 훗날 회사의 보상이 기대치에 못미칠 경우 서운하게 생각되는 것을 미리 방지하기 위해서다. 이제부터 자신의 인생설계를 이렇게 짜다 보면 앞으로의 시간은 모두 의미와 보람을 쌓는 일에 몰두하게 되고 퇴직 이전에 훌륭한 성과를 창출해 낼 것이다.

다른 기업으로 전직하거나 고문으로 취임하는 방법

우선 다른 기업으로 전직하거나 고문으로 취임하는 방법이다. 이 방법은 '경력 연계형' 취업을 말한다. 은퇴할 때까지 오랜 세월 자신의 전문분야에서 쌓아 온 경력과 지식을 활용하는 것이다.

이런 경우에는 비교적 재취업이 용이하다. 깊은 지식과 오랜 경험, 경륜을 토대로 전직하면 해당 기업에 도움도 주고 일정 소득도 얻게 되어 그 이상 바람직할 수가 없다. 경우에 따라서는 다른 기업의 고문으로도 취임할 수 있다. 대우 조건과 근무 여건에 따라 상근 또는 비상근으로 근무가 가능할 것이다.

전직 또는 고문 취임 시 유의할 점

지금 다니는 회사를 그만두고 다른 회사로 전직할 때 여러 가지 주의할 사항이 있다. 우리와 환경과 여건이 비슷한 일본의 저명한 경영컨설턴트 '오마에 겐이찌(大前研一)' 씨의 퇴직자를 위한 충고 내용도 우리 사정과 유사하다.

우선 전직하려면 50세 전후가 좋다. 정년 후는 늦다. 할 수만 있다면 50세까지 기다릴 필요도 없다. 하지만 40대 전후는 부적합하다. 경영진과 의견 대립이 있을 수 있고 또 지식과 경륜의 성숙면에서도 아직은 미완성이란 시각이 있기 때문이다. 그러나

50~60대는 상대가 경계도 하지 않고 경험이 풍부하여 젊은 경영자가 믿고 따르게 된다. 그러므로 경영이 안정되지 않은 회사는 외부에서 스카우트한 50~60대 전문경영인이 가장 잘 맞는다.

그리고 전직할 때는 다니던 곳보다는 규모 면에서 한 등급 아래 회사가 좋다. 그렇게 되면 종전보다 한두 직급 더 상위 직급의 대우를 받기도 하고 상임고문으로 위촉되기도 한다. 문제는 전직한 이후의 역할과 성과가 과제다.

당신은 그동안의 경험과 지식을 총동원하여 해당 기업의 '문제해결사(trouble shooter)' 역할을 감당해야 한다. 그리고 그 회사의 현황과 문제점을 분석하여 앞으로의 성장 목표를 수립하고, 목표 달성을 위한 전략을 수립하여야 한다. 목표와 전략이 확정되면 효율적인 실행을 위해 조직을 새로 짜고 각 부서별 능력에 맞도록 업무를 분장하며 실천 스케줄을 확정하는 등 '목표관리 시스템 (Management by Object 방식)'을 도입하여야 한다. 뿐만 아니라 목표 달성에 따른 보상체계도 밀도 있게 수립하고 실행하여야 한다.

이러한 일련의 시스템은 'PDCA 사이클 관리기법 = Plan(계획) - Do(실행) - Check(확인) - Action(실천)' 순서로 반복 실행하면 효과적으로 성과를 높일 수 있다. 주기적(분기별·반기별)으로 목표 달성 여부를 확인해야 함은 물론이다. 요즘은 거의 매주 성과를 분석하는 기업이 많다. 이렇게 하는 이유는 업무의 성과를 높이는 한편 각 조직원이 갖고 있는 능력을 인사고과에 반영하려는 목적이 있다.

재취업 시 자신의 위치를 격상시키는 방법

첫째, 전직하거나 고문으로 취임한 회사가 구태의연하다면 철저한 개혁을 주도하라. 그것은 새 직장에 대한 도리이자 조직 전체와 사회를 향한 지식인의 책무이기도 하다.

둘째, 회사가 여러 면에서 아직 미숙하다면 경영의 기초를 확고하게 다지도록 하라.

그렇게 하려면 당신의 역할이 무엇인지를 정확하게 알아야만 한다. 고문의 경우는 대개 내부 사람이 아닌 외부인이라는 인식이 있는데, 만일 고문이 회사의 개선점을 말할 때 '이 점이 문제'라고 지적만 하면 십중팔구는 그걸로 끝나 버리고 만다. 왜냐하면 인간은 개선이라는 과제에 저항하는 속성이 있으며 개선과정에서 피로를 느끼게 되기 때문이다. 그러므로 지적만 하지 말고 구체적으로 실행 방안을 알려 주면서 가능성에 대한 확신과 개선된 이후의 기대성과를 전향적으로 제시해 주어야만 한다.

이러한 과정에서 당신이 갖고 있는 지식과 경험, 풍부한 사고력과 경륜이 넘치는 노련한 모습, 백발의 연륜 등이 큰 무기로 작용하게 된다. 만일 새로운 제도나 시스템을 도입하였는데도 잘 안 되면 표면에 나서지 말고 당신의 역량을 발휘하여 뒤에서 보이지 않게 도와주어야 한다.

이제 지금까지 일해 온 스타일은 접어두고 고문으로서 처신하는 새로운 방식이 필요하다. 새로 옮긴 회사에서 '고문의 스타일'이란 따로 필요 없다. 지난날의 '스타플레이어' 의식은 접어야 할 때다.

전직도 창업처럼 리스크가 있게 마련이다. 그러므로 쉽게 생각해서는 안 된다. 반드시 심사숙고해야만 한다. 하지만 현재 직장에서 앞날이 평탄하지 못하다면 과감히 신천지에 도전해 보는 것도 의미가 있다.

큰 회사에서의 승진 경쟁은 피를 말리는 극한 상황의 연속이다. 거기에서 살아남을 자신이 없다면 일찌감치 다른 길을 찾아보는 것도 방법이다. 50세라면 앞으로 일할 10년, 15년이란 세월은 결코 짧지 않다. 게다가 새 회사로 옮겨 70세까지 일이 연장된다면 이보다 더 기쁜 일이 어디 있겠는가. 그 길을 찾아 떠나보기로 하자.

첫째, 전직할 회사는 신중하게 선택해야 한다. 그리고 지금 직장보다 한 단계 아래 회사 중에서 찾되 장래 비전을 가진 회사여야 한다. 나아가 지속적인 성장과 발전 가능성이 있는 기업 중에서 두 단계 정도 낮추면 더더욱 좋다. 왜냐하면 큰 회사에서 일하며 단련된 당신은 일하는 방법과 숙련된 업무처리 능력 면에서 높이 평가되어 "와, 역시 달라"라는 호평을 받게 될 것이다.

둘째, 또 하나의 길은 지방 기업으로 전직하는 것이다. 대도시가 아닌 지방은 아직 미개척 분야가 많다. 인재도 부족하고 경영방식도 낙후되어 있는 점이 많다. 이때 당신의 노하우와 능력은 그야말로 '가뭄의 단비'처럼 환영을 받게 될 것이다.

이럴 경우 당신에게 요구되는 것은 무엇일까. 우선 해당 기업에 대한 현황 분석과 성장, 발전을 위한 목표를 설계하는 것이다. 재무분석(대차대조표, 손익계산서, 제조원가명세서)-매출액 증가 계획-원가 절감 계획-목표 이익 산출-자금 조달 계획-인재 보충 계획 등에 주력한다. 이와 같은 계획은 대도시 회사에서는 매년 하고 있는 것이지만, 지방 기업은 아직 체계적이지 못한 경우가 많다. 따라서 지방 기업에게는 큰 효과를 내게 되어 실적이 가파르게 올라갈 수 있다.

감성 리더십을 발휘하라

작은 회사에 고문으로 갔을 때 반드시 주의할 점이 있다. 즉 새로 수립된 계획들이 원만하게 진행되지 않는 경우, 당신이 어떤 태도를 취할 것이냐 하는 문제다.

나의 친구 경우를 보자. 그도 규모가 큰 기업에 종사하다가 정년퇴직 후 지방 기업의 고문으로 재취업이 되었다. 처음 부임할 때는 고향을 발전시킨다는 좋은 뜻을 세우고 무척 기뻐했었다. 그는 명석한 두뇌와 풍부한 지식, 업무 추진 노하우로 무장된 유능한 인재였다. 그 지방의 발전에 관한 저서도 펴냈다.

지역 주민들도 고향을 사랑하는 훌륭한 인재가 왔다고 환영했고, 회사 임직원들도 그를 신뢰하며 따랐다. 그런데 얼마 되지 않아 "함께하기 어렵다"는 비판의 소리가 들리기 시작했다. 왜 그리

되었을까? 앞에서 말한 기업의 비전과 발전 전략까지 수립하는 등 리더로 활동해 왔는데 말이다. 원인은 그가 보스처럼 행동했다는 점이다.

오늘날의 리더십은 단지 '명령하는 보스'가 아니라 '함께 가는 리더'가 되어야 한다는 사실을 간과한 것이다. 인간은 권한(권력)에 저항하는 속성이 있다. 과거에는 보스가 '가라'고 명령하면 그대로 따랐다. 하지만 지금은 '함께 가자' 하면서 솔선수범하며 리드하여야 한다. 그야말로 '감성 경영의 시대'가 되었다.

감성 경영이란 무엇인가. 조직원과 격의 없이 대화하고 공감을 얻어내며 같은 곳을 바라보면서 함께 일하는 자세를 갖는 것이다. 머리 좋은 그는 (과거에 근무하던 습관대로) 대기업 스타일로 생각하고 탁상에서 계산만 했던 것이다. 정부조직이나 공공기관 또는 규모가 큰 회사에선 그런 스타일이 혹시 통용될지 모르지만, 지방에선 어렵다. 결과적으로 '그의 말은 옳지만 함께 하긴 싫다'는 상황으로 끝나고 말았다.

이 사례는 우리에게 많은 것을 생각하게 한다. 그의 우수한 능력은 펼쳐 보이기도 전에 좌절되었다. 참으로 안타까운 일이다. 당사자나 지역민 모두에게 큰 손해가 아닌가.

앞에서 본 실패 사례는 시사하는 바가 크다. 실패 원인을 말하자면 '인간성의 결여'라고 볼 수도 있다. 그렇다면 '따스한 인간성이란 살아가는 데에 유일한 무기'라고도 할 수 있겠다.

중요한 것은 겸손함이다

세계인의 존경을 한 몸에 받아 온 슈바이처 박사의 일화가 있다. 아프리카 오지에 묻혀서 봉사하던 박사가 고향에 돌아왔다. 말하자면 금의환향이었다. 기차역에는 수많은 환영객이 모여 있었다. 마중 나온 사람들은 모두 1등칸 앞에서 기다렸으나 박사는 내리지 않았다. 나중에 알고 보니 박사는 3등칸에 타고 왔던 것이다. 사람들이 "왜 3등칸을 탔느냐"고 물었다. 박사의 답은 "4등칸이 없어서"였단다.

요즘은 친구, 선배, 교수, 성직자, 조직의 장(長) 누구를 막론하고 자기 자랑을 하거나 거들먹거리면 주위에서 무척 싫어한다. 심지어 학생들에게 강의할 때도 자기 자랑을 늘어놓으면 싫어한다. 겸손은 모든 사람을 감동시키고 또 복종하게 하는 마력이 있다. 어느 조직이든 높은 자리에 있다고 교만하거나 거드름을 피우면, 그 사람은 바로 천길 낭떠러지로 추락할 확률이 매우 높다.

잘나갈 때 조심하자 – 치신이도(治身以道)

우리 사회는 세상을 떠들썩하게 만드는 갖가지 사건 사고로 늘 소란하다. 정치가, 고위공직자, 군 장성, 재벌, 무슨 사(士, 師)자가

붙은 사회지도층이 저지르는 부정과 비리가 우리로 하여금 분노를 넘어 슬프게 하고 있다. 어쨌거나 분명한 점은 그런 사람들의 면면을 보면 모두 '잘나갈 때' 그런 일들이 생겼다는 사실이다. 권력이나 금전 또는 명성을 가졌거나 어느 분야의 정상에 서 있을 때 말이다.

미국 케네디 대통령은 정치가로서 정상에 있을 때 흉탄에 맞아 생명을 잃었고, IT분야의 세계적 인물인 스티브 잡스는 정상에 올라 한창 일할 56세 때 뜻밖의 병마와 싸우다가 세상을 떠났다. 골프 황제 타이거 우즈는 순간의 실수로 가정과 명성을 하루아침에 잃고 말았다. 우리나라도 재벌들의 부침, 정치가, 공직자, 학자, 연예인 등 일일이 손꼽을 수 없을 만큼 많은 사람들이 정상에서 실패의 나락으로 떨어진 사례가 부지기수다.

성경에도 깨달음을 얻을 수 있는 흥미로운 사례가 나와 있다. 인류의 시조로 일컫는 '아담'은 지상낙원에서 아내 '이브'와 행복하게 살다가 아내의 꾐에 넘어가 선악과를 먹고 영원히 씻지 못할 죄를 짓게 된다. '삼손'은 천하장사로서 이스라엘 민족의 태양 같은 존재였는데 '드릴라'에게 빠져서 인생을 망친다. 이스라엘의 '다윗' 왕은 어떤가. 강대국을 건설하고 수많은 업적을 쌓으며 승승장구하던 중, 전쟁터에 나가 있는 부하(우레아)의 아내 '바세바'의 유혹을 뿌리치지 못하고 죄를 짓고 고통을 겪는다. 모두 정상에 있을 때 일어난 실수와 사건들이다.

물론 이 사례들에서 병마나 저격(흉탄)에 의한 고통은 당사자 본인의 잘못과는 아무런 관계가 없다. 좀 더 주의를 기울여 건강을 챙겼어야 했고, 저격사건이 나지 않도록 더 철저히 경호했어야 했다. 문제는 본인의 실수에 의한 경우다. 작은 실수가 엄청난 결과를 가져와 인생을 그르치게 되는 것이다.

이율곡 선생은 치신이도(治身以道)를 가르쳤다. 자기관리에 힘쓰라는 말이다. 또 백범(白凡) 김구 선생은 이신작칙(以身作則), 즉 자신이 먼저 모범을 보임으로써 여러 사람이 지켜야 할 준례(準例)를 만들라고 강조하였다. 그만큼 엄격하게 자신을 다스리라고 경고한 것이다. 이 가르침은 오늘날에도 큰 교훈이 아닐 수 없다.

컨설턴트로 활동하는 방법

당신은 지금까지 소속 분야에서 '전문가'로 활동해 왔다. 오랜 세월을 두고 해당 분야의 경륜과 업무지식을 쌓아 왔으니 프로의 경지에 도달해 있을 것이다. 학문과 경험의 깊이에 따라 대학 강단에 설 수도 있고, 관련 분야에서 새 일을 찾을 수도 있다.

기술 분야의 전문가라면 중소기업체 고문으로 활동할 수 있다. 일본의 퇴직자 중 많은 전문 기술자들이 우리나라에 와서 고문으로 일하고 있다. 금융계 출신이라면 역시 중소기업의 회계, 자금 부문의 고문직 또는 일정한 수수료를 받는 컨설팅이 가능하다. 뿐만 아니라 특화된 분야라면 별도의 사무실을 개설하여 독립적으로 활동할 수 있다.

정부기관에서 퇴직한 인사들이 기업이나 단체 또는 로펌에 재취업하는 경우도 많다. 커리어 전문가는 특성화고등학교 강사로 진출하는 사례가 늘고 있으며 생산, 품질, 기술연구, 공장관리 분야는 취업문이 가장 넓다. 어학 능력을 가진 엔지니어 출신은 국내외 공장 진출에 매우 유리하다. 또 다년간 해외 근무 경력을 갖고 네트워크 기반을 갖추면 50세가 넘어도 취업이 가능하다.

해외로부터 초청을 받기도 한다. 물론 언어소통에 문제가 없어야 한다. 해외 법인장 또는 자문역, 컨설턴트 등으로 활동할 수 있다. 요즈음 전략, 기획, 생산, 판매, 재무, 인사, 환경, 광고 홍보 등 모든 분야가 세분화·전문화되어 있어 컨설팅을 겸한 소규모 용역회사도 활성화되는 추세다. 본인이 용기를 내어 눈높이만 낮추면 길은 얼마든지 열려 있다.

해외 파견 근무도 할 수 있다

바야흐로 글로벌 시대가 되었다. 국가 간의 경계가 무너지고 오고가는 시간도 단축되어 1일 생활권으로 변했다. 외국에 진출하는 국내 기업은 물론 외국 기업들도 한국 전문가가 필요한 시대가 되었다. IT 분야, 건설 분야, 특수플랜트 분야, 각종 생산설비와 가동, 마케팅 분야, 인사관리 등 전 분야에 걸쳐서 우수한 인재를 찾고 있다. 최근에는 일본 경제의 활성화로 그 나라에 취업하는 젊은이도 상당히 많다.

어느 기업의 임원 출신인 A씨는 퇴직 후 독일의 풍력발전회사에 고문으로 취임하여 매우 만족한 생활을 하고 있다. 과거의 전문성을 인정받았기 때문이다.

정부에서도 지식경제부와 외교통상부가 해외 파견 사업을 주관하고 있는데, 몇 년 전만 해도 100억 원의 예산으로 100명을 지원하였다. 해외 진출을 희망하는 전문 퇴직자들을 연령대로 보면 모두 베이비붐 세대 비율이 80% 이상을 차지하고 있다.

앞으로 외교통상부는 저·중 소득 국가를 상대로 행정, 교육, 의료, 농업분야에 대한 정책자문을, 지식경제부는 중·고 소득 국가를 상대로 기술경영 자문을 중심사업으로 추진하고 있어 이 분야의 진출이 기대된다.

법원의 파산재단관리인으로 선임될 수 있다

기업이 파산절차를 밟으면 법원에서는 해당 파산재단의 관리인을 선임하게 된다. 전문성과 경영능력을 가진 사람이 관리인으로 선임되면 소정의 급여는 물론 어엿한 직장인으로서의 근무여건과 대우를 받게 된다. 말하자면 일정기간 취업이 되는 셈이다.

일반인이 생각하기에는 법원의 문턱이 너무 높다고 생각할 수도 있겠으나 반드시 그렇지만은 않다. 변호사를 통하여 추천받을 수도 있고, 각 법원에 예비후보로 등록할 수도 있다.

사례를 보자. B씨는 파산재단관리인으로 선임되어 열정을 가지고 성실하게 근무하다가 그 기업이 회생되었을 때, 그가 관리인으로 일할 때의 능력과 성실한 자세에 감동받은 회사가 다시 B씨를 정식 임원으로 선임한 경우도 있다.

봉사하면서 소득도 얻는 방법

이 과제를 전체 베이비붐 세대를 대상으로 보기에는 간단치가 않다. 베이비붐 세대의 일자리 경로는 고용유지, 재취업, 창업, 사회적 기업, 커뮤니티 비즈니스, 사회공헌 일자리, 귀농, 귀촌, 해외 파견 등으로 요약되는데, 은퇴자들의 교육 정도와 경제적 여유, 그리고 자녀교육과 양육의 종결 여부에 따라 '생계형과 공헌형'으로 구분할 수 있다.

그런데 (아직은 정책적인 면이나 사회적 준비가 미흡함) 현재로서는 이들 일자리의 96.5%가 생계형에 해당된다. 따라서 봉사와 소득이라는 두 마리 토끼를 잡으려면 현 상황에서는 시니어로서의 기능(경영, 기술 면에서의 전문성)을 후진 세대에게 '전수-승계'하는 분야에 한정될 수밖에 없다.

'창의적 사회공헌형' 일자리

첫째, 은퇴한 기업의 임직원, 공무원, 교수, 각 분야의 전문가 등이 자원봉사 차원에서 중소기업이나 창업자를 위해 전문적인 컨설팅을 제공하는 방법이다. 노후세대를 위해 뭔가를 가르치고 배우자는 취지로 은퇴자들이 모여서 학교를 세우고 봉사하는 좋은 사례(수원시 소재 '뭐라도 학교')도 있다. 장차 그 일을 통하여 보수를 얻게 되면 참으로 훌륭한 일자리가 될 것이다.

이는 사무실을 개설하고 독립적으로 활동할 수 있다. 미국의 경우는 사무실 운영 등의 비용을 정부에서 지원하며 미국 전역에 380개가 있고 컨설턴트 11,400명이 활동하고 있다. 우리나라에서도 전문성을 가진 시니어들이 은퇴 후 개인적으로 각 기업의 고문

또는 컨설턴트로 활동하는 사례가 많다.

둘째, 일본의 경우는 2007년부터 시작된 베이비붐 세대(團塊, 단카이 세대) 은퇴로 인한 '심각한 기능 계승 문제'를 해결하기 위해 은퇴자를 신입사원 교육요원으로 활용하고 고용상태를 유지시키고 있다. 뿐만 아니라 전문 기술자들이 한국 중소기업에 고문으로 근무하는 사례도 많다.

그렇다면 우리나라 전문가도 소속된 기업과 협의하여 신입사원 교육요원으로 고용유지를 할 수 있고, 저개발국에 전문가로 파견되어 얼마든지 활동할 수 있다. 이렇게 되면 '봉사와 소득'이라는 두 마리 토끼를 잡게 되는 것이다.

눈높이를 낮추면 길이 열린다

사람은 누구나 화려했던 지난날을 기억한다. 그리고 늘 그렇게 살아갈 수 있다고 착각한다. 나이든 분들이 '내가 왕년에…'를 반복하는 것은 현재가 예전만 못하기 때문에 그런 것 아닌가. 하지만 옛날만을 추억하며 살 수는 없다. 직장과 직업을 다시 선택할 때 눈높이를 낮추면 길이 열릴 수 있다.

요즘 60~70대가 '민간자격수업지원센터(www.freedu.or.kr)'에서 무상교육을 받은 후 자격증을 취득하고 취업할 수 있다. 분야를 보면 인성지도사, 안정교육지도사, 스피치지도사, 부모교육지도사, 이미지메이킹지도사 등이다.

IMF 때 대기업 임원 출신이 택시기사로, 또는 건물 청소부로 일한 사례는 부지기수다. 잘나가던 지난날은 뒤로하고 눈높이를 낮추어 일자리를 구한 사람들의 사례를 소개하겠다.

- 대기업 임원 출신 은퇴자가 차린 아파트 택배기사 회사 : 은퇴자 20명이 '까치택배'라는 간판을 달고 일한다. 아파트단지에 들어오는 대형 택배회사의 짐을 건당 800원을 받고 집집마다 배달한다.
- 청소부가 된 교장선생님 : 71세 된 교장 출신 노인이 남이섬에 청소부로 취업하여 열심히 근무하고 있다.
- 은행 부행장 출신이 차린 '희망도레미' : 서민들을 상대로 대출 상담, 경영 노하우 전수, 사후관리까지 지원하며 수수료는 실비만 받고 은퇴자 21명이 함께 일하고 있다.
- 지하철 택배 : 저렴한 비용으로 비교적 가벼운 물건, 서류 등을 지하철을 이용하여 신속하고 정확하게 전달해 주고 있다.

이 외에도 수많은 사례가 있다. 문제는 그런 용기를 갖고 의연하게 살아가는 분들의 자세가 존경스럽지 않은가. 아무리 재취업이 어려워도 '되는 사람은 된다.' 문제는 '내 일자리가 없다'는 것이 안타까울 뿐이다. 이 난관을 극복하고 취업에 성공하는 길은 열정과 용기, 그리고 낮은 자세를 가다듬을 수밖에 없다.

직업의 세 가지 필수요건

우리 세대도 이미 겪었지만 자녀들도 직장을 선택할 때 선호하는 조건을 보면 급여가 얼마인가, 조직의 대외적 위상과 규모, 체면, 교통, 복지 등을 따진다. 필자 세대도 젊어서는 '화이트칼라'를 선호했다. 친구가 다니는 직장과 비교도 되고, 주변 사람들에 대한 체면을 중요시했기 때문이다.

하지만 당사자는 이렇게 직장을 선택하는 과정에서 매우 중요한 점이 누락되었다는 사실을 잘 모른다. 즉 자신의 적성이나 직업에 대한 목표의식이 누락되었다는 사실이다. 대학교에 진학할 때, 자기 적성에 따라 전공과목을 정해야 하는데 합격 그 자체만을 위해 경쟁률이 약한 과에 지원하는 경우가 수두룩하다. 부모가 시키는 대로 미래의 직장(직업이 아닌) 선택을 강요받는다. 즉 고위 공직자, 판사·검사, 변호사, 대기업 임원, 의사가 되어야 한다는 것이다. 그러다 보니 적성과는 거리가 먼 학과를 졸업하게 된다.

자식의 적성과 꿈은 좌절된 채 말이다.

이와 같은 패턴으로 직장도 선택한다. 적성은 생각지도 않고 직업의식도 없다. 오로지 높은 급여와 체면 때문에 대기업에 입사하여야 하고 그래야 결혼도 잘 할 수 있다는 인식이 우리 사회에 팽배해 있다. 안타까운 일이다.

그러나 적성에 맞지 않는 직장 생활은 오래갈 수가 없고, 직장을 이리저리 바꾸다 보면 자신이 원하는 분야에 대한 지식과 경험을 쌓을 수 없게 된다. 뿐만 아니라 정년퇴직 후에 솔직히 갈 곳이 없다. 이유가 뭘까. 지식과 경험이 필요한 전문성이 없기 때문이다. 그러므로 '직장'을 찾으려 애쓰기보다는 '직업'을 가져야 한다. 직장은 수시로 바뀌고 또 찾아 헤매기도 하지만, 직업은 평생을 두고 하는 일이다.

자신만의 평생 직업을 선택할 때 다음 세 가지 조건을 심사숙고하자.

첫째, 자신이 평생을 두고 꼭 하고 싶은 일.
둘째, 자신이 가장 잘할 수 있는 일.
셋째, 경제적 보상이 따르는 일.

누구나 살면서 꼭 하고 싶은 일이 있게 마련이다. 만일 그 일을 직업으로 삼는다면, 자신이 그 일을 가장 잘할 수 있어야만 된다. 잘할 수는 없는데 하고만 싶다면 일찌감치 포기해야 한다. 요즘 수많은 청소년들이 연예인이 되고 싶다며 소중한 시간과 막대한 돈을 허비하고 있다. 하지만 그들 마음에 하고는 싶지만 잘할 수가 없다는 게 문제다. 수십만 명의 연예지망생 중 성공하는 숫자는 단 몇 명에 불과하다.

또 한 가지 중요한 것은 그 일을 통해 경제적 보상이 있어야 한다는 점이다. 일하면서 소득이 없다면 그것은 올바른 직업이 아니다. 단지 취미일 뿐이다. 평생 동안 일을 하면서 경제적 소득 없이 취미삼아 할 수만은 없다.

자신이 간절히 원하고 잘할 수 있는 평생의 직업을 선택한다는 것은 일생일대의 중요한 핵심이다. 거창고등학교의 직업 선택 10계명과 어느 초등학교의 교훈에는 이런 가르침이 있다.

- 나를 필요로 하는 곳을 택하라.
- 개척이 필요한 황무지를 택하라.
- 무엇이든지 좋다, 제1인자가 되라.
- 걷는 자만이 앞으로 나아갈 수 있다.
- 최후에 웃는 자가 승리자다.

● 제5장
● 은퇴세대를 위한 정부시책

정부가 추진하는 시책 방향

2010년부터 베이비붐 세대 712만 명의 은퇴가 본격화되자 이를 대비해 정부가 시책을 발표했다. 기획재정부와 보건복지부에서 '100세 시대 프로젝트' 태스크포스를 조직하고 여기에 기획재정부, 복지부, 금융위원회, 고용노동부, 여성부 등 10개 부처가 참여하여, 특히 정년퇴직자를 위한 재취업을 활성화하고 다양한 아이디어를 발굴해 내겠다는 것이었다. 그 후 과연 어떤 정책이 수립되어 어디까지 진행되고 있는지 궁금하지 않을 수 없다.

2017년 8월 발표 내용을 보면 저출산, 고령화 시대를 맞이하여 베이비붐(1955~1963년생) 세대를 '신중년'으로 규정하고 이들에 대한 생애 경로를 설계, 지원한다는 것이다. 이들 신중년 세대는 전체인구의 1/4, 생산가능인구의 1/3을 차지하고 있으며 의료기술의 발달로 기대수명이 증가함으로써 매우 중대한 과제가 되었다.

- 비전 : 인생 3모작으로 '활력 있는 신중년(Active Ageing)' 기반 구축 계획
- 목표 : 고용 가능성 확충, 창업의 질 향상, 정착 성공률 제고, 사회공헌활동 저변 확대
- 추진과제 : 재취업 가능성 지원 확충, 비생계형, 기술창업 활성화, 귀농·귀어·귀촌 지원 내실화, 사회공헌 일자리 확충
- 정부가 뜻하는 생애 경로는 재취업, 창업, 귀농·귀어·귀촌, 사회공헌에 관한 것

정부 지원 내용을 보면 생애 경력 설계 서비스를 중심으로 한 지원책을 도입하고 있다.

- 직업훈련, 창업교육, 귀농·귀어·귀촌 등 경로별 지원
- 65세 이상 신규 고용자에 대한 실업급여 지급, 신중년 적합 직무 고용창출 장려금 마련
- 과밀, 생계형 업종 소상공인에게 교육, 컨설팅, 정책자금 등 연계 제공
- 세대융합창업을 지원하기 위해 세대융합센터를 통해 120개 팀 선정 지원

- 귀농 · 귀어 · 귀촌을 위해 과거 경력에 따른 특성에 맞추어 타깃팅 교육을 확대하고 조선업 이직자에 대해서는 상담기간 연장과 가족단위 거주 및 현장실습이 가능한 체류형 농업창업지원센터를 8개소로 늘리고 정착을 위한 융자한도를 1세대당 5천만 원에서 7천5백만 원으로 상향
- 지자체 공모로 선정된 아산, 홍천, 영월, 담양, 강진, 함양 6개 시 · 군에 귀농 · 귀촌 시범단지 설치
- 퇴직 전문인력과 NGO 및 사회적 기업을 연계하는 사회공헌형 일자리를 기존 4,500명에서 6,000명으로 확대

(자료 www. nocutnews.co.kr)

중장년 일자리 희망센터 지역별 연락처

지역	기관명	소재지	연락처
서울	서울시인생이모작센터	서울 은평구 녹번동 5-29	02-389-8891
	한국무역협회	서울 강남구 영동대로(삼성동) 무역센터 트레이드타워 3층	02-6000-5396
	노사발전재단	서울 마포구 마포대로 130 별정우체국연금관리공단빌딩 6층	02-6021-1120
	전국경제인연합회	서울 영등포구 여의도동 14	02-6336-0613
인천	노사발전재단 인천	인천 남구 남동대로 215번길 30	032-260-3806
경기	고양상공회의소	경기 고양시 일산동구 중앙로 1275	031-969-5817
대전	대전 경총	대전 중구 계백로 1712	042-253-7051
부산	부산 경총	부산 부산진구 범일로 176	051-647-0452
광주	광주 경총	광주 남구 중앙로 87	062-654-3430
대구	대구 경총	대구 서구 서대구로 128 대구 경총회관	053-572-3434

노년층에 대한 일자리 지원기관

노년층에 대한 일자리 상담, 취업, 취업 전 노인교육 및 훈련기관은 아래와 같다.

- 한국노인인력개발원(www.kordi.or.kr) : 노인일자리사업 지원, 노인자원봉사사업 지원, 인적자원 개발 연구 등 담당
- 시니어클럽협회(www.silverpower.or.kr) : 지역사회 내에서 일정한 시설과 전문 인력을 갖추고 지역의 자원을 활용하여 노인 일자리를 창출, 제공하는 노인 일자리 전담기관
- 대한노인회 취업지원센터(www.k60.co.kr) : 지역사회에서 구직을 희망하는 노인의 취업 상담, 알선을 통하여 노인의 소득보장 및 사회참여 기회를 확대하기 위한 업무 담당

위 기관에서는 다음과 같이 5개 분야로 나누어 일자리를 모색하고 있다.

- 공익형 일자리 : 스쿨존 교통 지원
- 교육형 일자리 : 숲생태 해설사, 문화재 해설사
- 복지형 일자리 : 노인 돌봄, 주거환경 지원, 문화복지 지원

- 인력파견형 일자리 : 가정도우미, 경비원
- 시장형 일자리 : 식품제조, 판매, 지하철 택배 등

공공기관의 일자리 알선창구

- 고용노동부 및 산하기관
- 각 시 · 도 · 구청 등 지방자치단체의 창구
- 지자체가 시행하는 고령자취업박람회

민간 부문에서는

- 대기업과 경총(경영자총연합회)에서 퇴직 예정자에게 실시하는 전직에 필요한 훈련프로그램 : 아웃 플레이스멘트(out placement)
- 삼성계열사, LG전자, 제일제당, 포스코, 한국전력 등 대기업에서도 같은 프로그램 실시 중
- 포스코(전 포항제철)에서는 자체 퇴직 인력을 중소기업중앙회와 연계하여 중소기업에 알선하기로 협약을 체결함
- 노사공동 전직지원센터
- 헤드헌터 회사(전문직의 경우) : 비용은 인재 채용회사가 부담 (연봉의 15~25%)
- 일반 취업 알선자 : 직업찾기 사이트(www.findjob.co.kr)

정책적 · 사회적 지원시책에 대한 몇 가지 보완점

일반 여론과 연구기관의 의견을 들어보면 앞서와 같은 지원시책을 시행함에 있어서 다음과 같은 점이 보완되어야 한다고 지적되고 있다.

첫째, 은퇴자 상당수가 자영업을 창업하는데, 이는 잘못하면 은퇴자의 빈곤을 유발하는 결과가 된다. 예를 들면 음식점 개업 경우다. 요즘은 한 집 건너 식당이 보인다. 일부 소문난 식당을 빼고는 대부분 적자에 허덕인다. 편의점도 그렇다. 고령자들이 쉽게 몰려드는 수익이 낮은 이런 창업은 악순환의 원인이 된다. 정부가 창업지원을 할 때, 반드시 적합한 아이템인지 안정성이 있는지 전문 컨설팅과 훈련을 해야만 한다.

둘째, 자영업을 하지 않는 은퇴자는 대부분 자신의 경력과는 무관하게 저임금 단순노동에 종사한다. 이런 경우에는 은퇴자 자신의 자존감 상실도 문제지만, 숙련된 전문 인력이 지닌 사회적 자본이 상실되는 결과다. 따라서 은퇴자의 경력에 맞는 일자리를 구할 수 있도록 전문 취업연계 시스템을 구축해야만 한다.

셋째, 은퇴세대를 위한 정책은 남녀를 구분하여 시행할 필요가 있다. 여성들은 여성회관, 주민센터, 여성인적개발기관 등에서 많은 교육에 참여하고 있지만, 은퇴 남성들은 참여도가 낮다는 점이다. 대부분 노후설계나 문화 또는 다양한 교육에 참여한 경험이 부족하기 때문이다. 따라서 은퇴 이전부터 평생교육에 대한 접근성을 높여야 한다.

넷째, 2015년부터 '노후준비지원법'이 제정되고 2016년에 제1차 노후준비지원 5개년 기본계획이 마련되었다. 그런데 우리 국민의 노후준비 수준을 조사한 결과 100점 만점에 62.6점으로 나타났고, 특히 재무 분야의 수준은 54.8점으로 나타났다. 노인 빈곤이 큰 문제라는 증거다. 이런 문제를 해소하기 위해 국민연금공단 지사에 '노후준비지원센터'가 설치되어 재무, 건강, 여가, 대인관계 등 각종 설계를 지원하고 있다. 현재의 저축, 연금, 삶의 방식을 파악해서 어느 분야를 보완해야 할지 진단해 준다. 하지만 그런 제도를 유용하게 이용하는 수가 얼마나 될까. 상담과 컨설팅의 수준과 질도 높여야 되지만, 홍보도 적극적으로 함으로써 불안에 떠는 은퇴자의 길라잡이가 되길 소망해 본다.

다섯째, 국민건강보험공단은 만 40세 때 생애전환기 건강진단을 해 준다. 국민연금 가입자를 대상으로 생애 전반 프로그램을 제공한다면 더 나은 노후를 미리 준비할 수 있을 것이다. (자료 미래에셋 은퇴연구소)

여섯째, 정부가 2018년부터 '초록봉투(green envelope)' 사업을 추진한다. 연금 가입자의 동의를 받아 국민연금, 퇴직연금, 개인연금 등 공·사 연금지급액을 시뮬레이션하여 노후 부족자금을 안내하는 사업이다. 이를 통해 노후 준비를 체계적으로 할 수 있게 한다는 내용이다. 문제는 대민 홍보다. 필자도 이 자료를 보고서야 그런 내용을 알게 되었다. 어떤 정책이든 널리 알려 활용하게 해야 한다. (자료 보건복지부)

정년제도에 대한 선진국의 경우

일찍이 고령 사회로 진입한 일본의 경우를 보자. 2017년 9월 현재 일본 인구는 1억2,671만 명이고 65세 이상 인구는 3,514만 명이다. 노인 숫자는 말레이시아 전체인구(3,222만 명)보다 많고, 캐나다 전체인구(3,660만 명)와 맞먹는 수준이다. 통계에 따르면 1년에 65세 노인 숫자가 57만 명 늘어났고 이 중에서 14만 명이 90세 이상이다.

저출산, 고령화로 노동력 부족사태와 복지예산 증가로 고심하는 일본 정부가 60세 공무원 정년을 65세로 개정 준비 중이라고 한다. 오래전부터 경험이 풍부한 인재들을 기업에 재취업시켜서 사원 재교육과 노하우 전수를 시행해 온 일본이지만, 최근 히로시마전철 회사는 재고용 연령을 70세까지 높였다는 소식이다.

이런 방식은 정년 후 임금은 덜 받되 더 오래 일하게 하는 것이다. 이렇게 정부 차원에서 사회적 문제점을 고려하여 선제적으로 대응하는 점이 우리로서는 부러울 수밖에 없다. 일본은 65~69세 인구 중 770만 명이 현역으로 일하고 있다. 해당 연령 비율로 보면 남성이 53%, 여성이 33.3%, 70세 이상도 남성 5명 중 1명이 현역이다.(자료 조선일보 2017. 9. 19.) 정부 차원에서 정년을 연장하면 일반 기업에도 영향을 미치게 된다. 그 고령층 직원들의 능력과 소중한 경험은 젊은이들에게 큰 자산이 될 수 있다. 이는 돈을 주고도 살 수 없는 소중한 것이다.

미국, 영국 등 선진국에는 '연령차별금지법'이 있고, '정년퇴직'이 없다고 한다. '아셈(ASEM, 아시아·유럽 정상회의) 노인인권 콘퍼런스'에 참석한 '헬프에이지 인터내셔널' 수석정책고문인 브리짓 슬립 씨는 "능력이 아닌 나이를 이유로 은퇴를 강요하는 한국의 정년제도는 노인에 대한 고용차별이 될 수 있다"며 영국은 2011년에 65세 정년제도를 폐지했다고 밝혔다. 우리로서는 꿈같은 얘기다.

우리나라에서 매년 증가하는 독거노인 문제도 그렇다. 현재 65세 이상 홀로 사는 노인의 수가 133만7천 명이다. 그들에 대한 돌봄 서비스는 태부족이다. 생활관리사가 일주일에 한 번 방문, 주 2회 전화를 한다. 그나마 그렇게 돌보는 대상자수는 겨우 24만 명에 불과하니 전체 독거노인의 18%에 지나지 않는다. 경제력이 없어서 힘겹게 사는데 주변과 교류하지 않고 은둔의 삶을 사는 그들이 사회관계를 맺도록 유도하는 것이 절실하다. 정부가 시급히 대책을 세워야 할 과제다.

노년세대를 위한 일본의 사회제도와 분위기

일본은 이미 초고령 사회다. 세계에서 가장 늙은 나라다. 그런 면에서는 우리의 선배인 셈이다. 그러기에 일본은 이미 오래전부터 은퇴세대와 노년세대에 대한 각종 제도와 사회분위기 등 고령 사회를 위한 인프라를 구축해 왔다. 사고방식과 사회제도가 우리와 닮은 점이 많고 노후파산, 고독사 등이 앞서 진행된 나라로서 우리에게는 참고가 될 점이 많다.

일본은 노년에 대한 사회분위기에서 감동적인 면이 많다. 몸이 불편한 노인의 집을 등굣길에 방문해서 쓰레기를 치워 주는 초등학생들이 있고, 시골 빈집에 예술가를 초빙해서 마을에 활력을 불어넣는 열혈 촌장이 있다. 뿐만 아니라 치매 할머니를 찾아다니며 예쁘게 화장해 주는 화장품 회사가 있고, 노인 고객의 안전을 위해 에스컬레이터 속도를 늦춰 주는 백화점이 있다. 점포 안에 고령자

간병센터를 둔 '케어 편의점'이 있고 '시니어 살롱(노인 사랑방)'이 제공되며 치매환자들의 재활을 위해 일자리를 제공하는 세차장도 있다. 고독사 보험, 빈집 관리 회사, 집안의 전구를 갈아주는 가사 대행 서비스회사 등이 등장했다. 러브호텔은 노인 고객을 위해 계단에 난간을 설치하고 TV 리모컨도 글자가 크게 잘 보이는 것으로 교체해 놓았다.

이렇듯 사회 곳곳에 세밀하고도 따스한 배려가 배어 있다. 이러한 사례들은 우리나라 은퇴세대와 노년세대의 '실버산업' 아이디어로도 활용할 가치가 매우 높다.

우리나라 베이비부머 세대와 일본 '단카이 세대'의 차이점

우리나라 베이비부머 세대는 1955~1963년생인데 일본 단카이 세대는 1947~1949년생이다. 전쟁 이후 680만 명의 아기로 태어난 그들은 일본의 고도성장기와 쇠퇴기를 겪으면서 새로운 문화를 만들었다. 우선 그들의 사고방식은 "할 수 있을 때까지 일한다", 말하자면 평생 현역을 당연시한다. 심지어 85세까지 일해야 한다고 의욕을 불태우는 이가 많다. 이는 생계유지를 위해서만이 아니라 '일 없는 무료함'이 얼마나 큰 고통인지를 잘 아는 거다.

그들은 은퇴 후에도 자신들이 쌓아 온 기술과 소중한 경험, 노하우를 후진들에게 전수하고, 한국에 와서 자문 역할을 통해 기여한 바 있다. 우리 은퇴세대 대부분이 갖고 있는 어둡고 부정적인 의식과 열정 측면에서도 큰 차이가 있어 보인다.

또한 그들은 시간과 체험을 소중히 여긴다. 손자와 어울리며 해외여행, 어학연수를 떠나고 나홀로 여행도 즐긴다. 그리고 디스코텍에 가서 '늙음'을 발산한다. 저승길도 스스로 준비한다. 사후에 묻힐 곳도 미리 정하고 함께 묻힐 '무덤 친구'도 정한다. 그뿐만 아니다. 자신이 죽은 후의 일들을 장례회사와 '생전 계약'을 통해 미리 준비해 둔다. 자식에게 의지하지 않는다는 의지에서다. 죽음을 피하지 않고 긍정적인 시각을 갖는 모습이 우리에게 많은 것을 시사해 준다.

여기서 고령화 시대의 제도와 대응방안으로 복지행정전문가 (박길진 교수, 옐림요양원 대표)의 진단 결과를 소개한다.

먼저 현황과 문제점은 다음과 같다.

첫째, 인구 고령화가 급속히 진행되는 사회적 현상과 문제점들.

둘째, 평균수명이 과거의 60대에서 80~90세까지 연장되어 20년이 더 늘어난 상황에서 어떻게 그 세월을 살아가야 할 것인가 하는 문제점.

셋째, 고령자 가구 및 1인 고령자의 생계비 조달 방법에서 본인 자신의 부담비율이 증가되는 상황과 저소득층이 많다는 점에 대한 인식과 대응책이 매우 취약하다는 점.

넷째, 국가의 정책과 사회적 관심이 절실히 요구됨에도 우선순위에서 제외되고 있다는 점.

다섯째, 자식이 부모를 부양해야 한다는 전통적 인식이 사라지고 '스스로 부양' 해야 되는 '셀프 부양' 시대를 맞이하여 노년들은 단칸방이나 요양원, 또는 실버타운에서 외로운 삶, 고독한 최후를 맞이하는 경우가 많다는 점.

이에 대한 대응책으로 다음 몇 가지 대안을 꼽을 수 있다.

첫째, 이미 OECD 회원국들이 시행중인 '장기요양보험제도'의 도입이 절실히 요구되며 구체적이고도 체계적인 절차와 등급 판정 등의 세부 실행계획 수립이 필요하다.

둘째, 서비스 인력의 질적 수준을 높이기 위해 '요양보호사제도' 도입과 이에 대한 체계적 교육·훈련 또한 시급하다.

셋째, 고령자의 경제능력 수준에 따라 계층별 맞춤형 선택이 가능하도록 실버타운(주거시설, 요양시설, 의료시설, 문화·여가시설, 일거리시설 등의 기능을 포함한)의 효율적 증가가 필요하다.

넷째, 사회적 관심(노년층을 향한 배려와 돌봄)이 확대되어야 하며, 각종 봉사단체와 종교계의 참여로 소외되기 쉬운 노년층에게 위로와 격려, 보살핌의 기회가 증대되어야 한다.

제6장

● 자산 운용 공부에 시간을 투자하자

자산 운용 방법의 중요성

먼저 50~60대 평균 자산 구성을 보자. 자산에서 부채를 뺀 순자산액은 2억9,633만 원이다. 그런데 순자산액 중 부동산이 갖는 비중이 82.4%나 된다. 기타 실물자산 5.8%, 금융자산은 11.8%에 불과하다. 현금은 별로 없다는 증거다.

자산액의 크기와 부동산의 비율로 보면 대부분 살고 있는 집 한 채가 자산의 전부로 추정된다. 같은 세대의 일본은 금융자산이 45%, 미국은 63%다. 그만큼 살고 있는 집이나 부동산을 제외하고도 금융자산을 갖고 있다는 것이니 자산 운용을 잘하면 생계유지비를 얻을 수 있다고 볼 수 있다.

노후대책에서 가장 중요한 요소로 꼽는 항목은 경제력과 건강이 최우선이다. 2015년 국민연금연구원의 발표를 보면 부부 기준

적정 생활비는 월 230만여 원으로 나왔다. 적어도 이 정도는 되어야 생활을 지속할 수 있다는 액수다. 앞으로 40~50년을 더 산다고 가정하면 노후 생활비가 만만치 않다는 사실을 알게 되고 '노후 준비를 하지 않는다'는 50~60대의 응답이 준비한다는 응답보다 더 많다는 사실이 큰 걱정이다. 이는 여러 가지로 고민하지 않을 수 없는 심각한 문제다.

은퇴 후의 생활비를 국민연금에 의존하는 비율은 40%(10명 중 4명)나 된다. 연금은 전업주부에서 학생, 군 복무자에 이르기까지 너도나도 가입하고 있는데 기금 운용 성적이 시원치 않아 장래 기금 고갈이 염려된다. 그런데 앞으로 목돈이 생기거나 자산이 늘어날 특별한 계획이라도 있다면 몰라도, 돈 쓸 일이 점점 더 많아질지언정 별도의 자산이 늘어날 일은 별로 없을 것이다.

그렇다면 이제부터라도 자산 운용 방법을 공부하여 효율적인 방법으로 노후를 대비하지 않으면 안 된다. 어떻게 순서를 정하고 시간을 써야 할까, 그 방법을 모색해 보자.

혹시 새로 공부를 시작하여 자격증을 따고 그 자격증으로 수입을 얻겠다고 생각한다면, 그 생각은 아예 버리는 것이 좋다. 간혹 그런 도전적인 분들이 있지만, 지금부터 공부해서 어떤 자격증을 딸 생각인가. 노후의 보람과 적은 소득이나마 얻기 위해 봉사를 직업으로 하는 호스피스, 상담원, 역사유적지를 안내하는 해설사

자격증 같은 거라면 몰라도, 고도의 지식과 경험을 요구하는 변호사, 회계사, 법무사, 세무사 같은 전문직인 직종에 도전하는 것은 시간과 정력 낭비가 아닐까. 어렵게 공부하여 자격시험에 합격했다고 치자. 이미 개업한 사람들도 경쟁이 심하여 사무실 운영이 어려운 형편이다.

힘든 고시에 합격했다 해도 현직(판사 · 검사) 경험도 없고 늦은 나이에 개업해서 사건 의뢰가 올까? 그럼 영어자격증 또는 학원 강사를 꿈꾸는가. 그것도 안 된다. 외국에서 공부하고 살다가 온 원어민 수준의 젊은이들이 줄서 있는데, 당신에게 과연 그런 일들이 가능하다고 보는가. 노력에 비하여 성과가 극히 희박한 일이니 접는 게 좋을 것이다.

그러므로 새로운 자격증으로 돈 벌 생각을 하기보다는 '지금 갖고 있는 자산'을 효율적으로 안전하게 잘 운용하는 변이 너 현명하다. 따라서 최선을 다해 자산 운용 방법을 배워야 한다. 은퇴세대가 임대소득을 얻고자 선호하는 상가, 오피스텔, 아파트 등도 신중하게 판단하여야 한다. 거기에도 위험이 따른다. 가진 돈을 부동산에 모두 쏟아붓거나 빚을 내어 투자했다가 임대가 잘 되지 않아 큰 손해를 보는 경우가 많다. 그렇다고 창업을 할 것인가. 그 문제도 쉽게 생각해서는 절대로 안 된다. 창업에 대해서는 '제3장 창업과 백문백답'을 참고하기 바란다.

요즘 각종 매스미디어는 물론 인터넷에 유용한 금융 관련 정보가 넘쳐난다. 믿을 만한 은행, 증권사, 보험회사, 투자자문회사 등의 PB(Private Banking) 센터, 은퇴연구소의 자문을 받으면 도움이 된다. 그리고 세미나를 개최하는 곳도 많고 전문잡지도 많다. 관심만 기울이면 날마다 새로운 정보를 얻을 수 있다. 자산관리와 투자에 대해서는 각 전문기관의 조언을 듣고 신중을 기해야만 한다. 예약을 통한 대면상담은 물론 전화상담도 가능하다. 자신이 가진 그 시점의 재원(財源)이 일생의 마지막 것임을 상기하고 결정하기 바란다.

개인별 투자 성향도 천차만별이다

투자자의 성향에 따라 '안정성 추구형', 리스크를 감수하고라도 대박을 꿈꾸는 형, 그 중간형 등이 있다. 이 세 가지 유형 중에 당신은 어느 형인가? 나는 '안정성 추구형'을 권하고 싶다. 부실 금융기관도 많으므로 금융회사도 신중하게 선택해야만 한다. 이자 몇 푼 더 준다고 쉽게 결정할 문제가 아니다.

지금 시점에서 리스크를 안고 대박을 꿈꾸는 것은 바람직하지 않다. 만에 하나 원금에 손실이 오면 어찌할 것인가. 2008년에 몰아닥친 세계적 경제 쓰나미(리먼 브러더스 회사 파산사태)를 돌이켜보자. 그때 펀드에 투자한 사람들은 모두 투자원금이 반토막(80%의 손실을 본 경우도 있다)났었다.

금융상품과 경제흐름에 대해 문외한인 개인이 투자하게 된 첫째 동기는 금융회사 창구 판매직원의 권유(대박이 날 것이란 장밋빛 설명과 일부 언론이 부추기는 사례)가 있었기 때문이지만, 상품을 권유하고 판매한 금융회사는 수수료를 챙길 뿐, 손실은 없다. 결국 손실 결과는 고스란히 투자자에게 돌아오는 게 아니던가. 필자도 손해를 보고 오히려 엉뚱한 세금만 낸 적이 있다.

그럼 어떻게 하는 것이 현명할까?

첫째, 수입과 지출액을 계산하고 치밀하게 생활 계획을 세운다.

둘째, 자산내역표를 작성한 후 운용할 자산을 구분하고 어느 정도 자산을 어떻게 운용할지 계획한다. 대개 운용자산의 1/3 정도를 넘지 않는 것이 안전하다.

셋째, 전문가에게 자문을 구하되 최종 결정은 스스로 해야 한다. 선택은 당연히 '안전형'으로, 높은 이득을 얻을 수 있다는 '대박형'은 삼가야 한다. 일단 자산을 인벤토리한 결과를 놓고 금융회사(은행, 증권사, 보험사, 투자자문회사 등) 두 곳 이상의 전문가 자문을 받아 운용 방향에 대한 최대공약수를 찾아야 한다.

주의할 점은, 금융회사 직원은 고객 유치 실적에 따라 인사고과가 결정되기 때문에 상품구매–투자를 적극 권유한다. 그럴 때 모두 응하면 낭패를 보기 십상이다. 투자자의 냉철한 판단이 필요하다. 그리고 자산은 반드시 포트폴리오를 작성, 분산 관리하는 것이 좋다. 이익이 나는 분야가 있고 반대로 손실이 발생하기도 하니까 '분산관리'만이 최상의 방법이다. 그리고 이재(理財)에 밝은 미국인들처럼 투자하기 전에 반드시 꼼꼼하게 챙기고 기본원칙(back to the basic)을 준수한다.

'하우스 푸어'는 피하자

'하우스 푸어(house poor)'라는 신조어가 있다. 경제 상황이 여의치 않아 생긴 말이다. 쉽게 말해 '집 가진 가난한 자'라고 보면 된다. '부동산 거지'란 말도 있지만, 집을 갖기 위해 빚에 허덕이면 무슨 의미가 있을까.

집 한 채가 재산의 전부라면 어떻게 할 것인가. 우리나라 '하우스 푸어'는 108만4,000가구로 전체인구의 10.1%를 차지한다. 그런데 10가구 중 1가구는 매월 소득의 40% 이상을 집 사는 데 빌린 원리금을 갚는 데 쓰고 있다. 월 소득 246만 원 중 102만3,000원(41.6%)을 빚 갚는 데 쓴다는 얘기다. 그나마 원리금을 갚지 못하

는 가구는 무려 8.4%인 9만1,000가구나 된다. (자료 현대경제연구원)

우리나라는 '집값은 계속 오른다'는 기본개념이 강하다. 그러나 요즘 집값은 일부 인기지역을 제외하고는 오히려 떨어지고 거래도 별로 없다. 정부 규제가 만만치 않다. 더욱이 논란이 되고 있는 재개발 이익환수제도가 시행되면 올라간 집값의 반이 세금으로 나가게 되어 그쪽 시장도 시들하다는 평가다. 만일 집값이 매년 1%씩 하락한다면, 대출 받아 집을 산 경우 치명적인 영향을 받게 된다. 그러니까 이자 부담과 집값 하락에 따른 '하우스 푸어'가 된다는 것이다.

반대로 집값이 오르는 경우, 계산에 따르면 현재 2억짜리 집값이 20년간 물가상승률(3.5%)만큼 오른다면 자산은 9억 원으로 늘어난다. 하지만 보장되지 않은 희망사항이라는 게 문제다.

오늘의 상황은 어떤가. 금리는 낮고 집값은 제자리다. 오르는 곳도 있긴 하지만 언제 곤두박질칠지 모른다. 오히려 하락하는 경우가 태반이다. 그러다 보니 주택 소유자나 입주자 모두 전세보다는 월세를 선호하고 있다. 만일 융자를 얻어 집을 샀는데 집값은 하락하고 이자 부담만 늘어난다면 나중에 큰 손실이 발생할 것이다. 금리가 오를수록 빚 얻어 산 집이 바로 '골칫덩이'가 된다는 얘기다.

그렇다면 어떤 방법이 있을까. 현재로서는 무리하게 집을 늘려가거나 집값 상승을 통한 자산 증가를 기대하기는 어렵다. 오히려

현금자산을 늘리는 쪽으로 방향을 돌려 안전한 투자 대상을 찾아야 한다. 노년의 생활비를 위해서는 주택을 이용한 부동산 '역모기지론'을 활용하는 방법도 있다.

어떤 선택을 할 것인가

첫째는 마음가짐이 중요하다. 일확천금을 꿈꾸거나 투자한 돈의 3배, 5배, 10배, 100배를 얻으려고 한다면 장담하거니와 투자원금마저 날릴 확률이 매우 높다. 언론에 보도되는 각종 범죄 사례를 봐도 그렇다. 강남의 부유층 부인들을 상대로 사기극을 벌인 사례가 너무 많고, 부동산기획사가 "곧 대도시가 들어설 땅이니 지금 사두면 대박이 난다며 임야나 전답을 사라"고 부추겨 피해를 입히는 사례도 많다.

이런 말에 현혹되어 투자하면 종잣돈마저 잃게 된다. 그들은 작전지역(대상 토지)의 땅을 고액에 팔아 돈만 챙기고 잠적해 버리는 게 순서이기 때문이다. 뒤늦게 후회해 봐야 하소연할 데도 없다. 높은 이자를 준다며 돈을 꿔달라는 것도 위험천만이다. 그런 경우는 대부분 사기다.

요즘 가상화폐 '비트코인' 얘기가 무척 소란하다. 100만 원을 투자하여 1,000만 원을 벌었다는 젊은이도 있고 엄청난 손해를 봤다는 사람도 있다. 미국의 가상화폐 분석전문업체인 '토큰 데이터'가 2017년도 가상화폐 발행업체 902개를 분석한 결과를 보면, 46%인 418개가 파산한 것으로 나타났다. 이유는 가상화폐 가치가 폭락하고 해킹 등으로 파산했기 때문이다. '비트코인'은 올초 가격이 1개당 2만4천 달러까지 폭등했다가 두 달 사이에 반토막이 난 상태다. 일확천금을 꿈꾸는 사람들이 아직도 많아서 앞으로도 그 시장이 뜨겁게 달아오를지도 모르지만, 굳이 요동치는 고위험 소용돌이에 끼어들 필요가 있을까.

가상통화의 문제점은 '보증도 없고 통제도 없다'는 점이다. 다시 말해 법정통화가 아니라는 것이다. 그래서 그런 투자는 바로 '투기'에 가깝다. 사회적 문제점으로 떠올라 국제적으로도 논란이 극심한 것을 굳이 투자 대상으로 삼을 필요는 없다고 본다.

한편, 현실적이고 실리적인 자산운용방법도 찾을 수 있다. 예를 들면 KB국민은행의 박원갑(WM스타자문단) 위원은 은퇴 후의 할 일은 "초고령화 사회에서 은퇴 준비란 결국 살아남기 위한 준비이고, 그 첫째가 자산 리모델링"이라고 말한다. 그러면서 안전하고 수익성 위주의 부동산을 찾아보라고 권유한다.

박 위원이 추천하는 대표적 노후 대비용 수익형 부동산은 도심 내의 새 아파트, 다가구주택, 상가주택, 꼬마빌딩 이 교외의 토지

보다 더 안전하고 월세 수익성도 높다는 설명이다. 한마디로 말하면 "월세 잘 나오는 아파트부터 찾으라"는 권고다. 더 구체적인 방법과 내용은 강연회를 통해 들을 수 있다. (자료 부동산 슈퍼콘서트 홈페이지 www.rtrendshow.com/concert/)

문제는 어떤 마음가짐으로 자산을 운용할 것인가 하는 것이다. 따라서 투자의 기본 원칙을 세워야 한다.

첫째, 기본 생계유지비는 따로 비축해 두어야 한다. 올인은 매우 위험하다.

둘째, 자산운용에서 얻는 목표이익을 '안전성' 위주로 하여야 한다. 높은 이익에는 반드시 고위험이 따르므로 '좀 더 큰 이익'이란 유혹에 빠지면 안 된다.

셋째, 어떤 투자를 막론하고 '정당한 소득'을 얻는 것이어야만 한다. 부정한 방법이나 불법성이 있는 소득은 두고두고 환난의 대상이 될 뿐이다. 성서에 기록된 대로 재물과 소득은 '의로운 재물'이 되어야만 한다.

제7장
인생에서 가장 중요한 가족의 변화

중년가정이 무너지고 있다

'나홀로 가구'가 늘어나고 있다. 40~50대 기러기 아빠가 무려 35만 명이나 된다. 자녀유학, 공기업 지방 이전, 지방 소재 기업체 근무, 자영업 등으로 가족과 떨어져 살기 때문이다. 이혼 증가율도 원인의 하나다.

세종청사에서 공무원으로 5년째 근무하는 A씨의 경우를 보자. 아내와 자녀는 서울에 있다. 세종시 10평짜리 아파트에서 홀로 산다. 라면 끓이는 냄비 하나, 접시 2개, 수저 하나가 전부다. 이런 상태에서 유일한 위안은 무엇일까. 같은 처지의 '기러기 아빠'들이 모여서 한잔 하는 것이다. 아침은 굶고 저녁은 밥 대신 술을 마시니 몸이 망가지게 된다.

이런 상황은 두 집 살림으로 경제적 부담도 늘고, 정서적으로 외롭고 건강도 나빠지게 된다. 심각한 사회문제가 아닐 수 없다. 안 그래도 중년을 사추기(思秋期)라고 하는데 생활이 안정되지 못하고 불안이 계속되면 결국 이혼율이 증가하거나 독거노인 폭증과 같은 문제가 발생할 수 있다는 것이 전문가의 의견이다.

정년 후의 아내는 적인가 동지인가

아내들은 대개 남편의 바깥생활을 잘 모른다. 뿐만 아니라 남편의 내면세계도 잘 모른다. 직장에 나가는 아내라면 몰라도 전업주부인 경우는 남편 직장의 사업 내용이나 조직 구성, 직장 분위기는 물론 남편이 갖고 있는 고민에 대해서도 상세히 알지 못한다.

퇴근한 남편은 신문이나 잡지를 보고, 아내는 책은 멀리하고 텔레비전 앞에만 앉아 있으면 대화는 단절되고 상대방을 이해하기가 점점 더 어려워진다. 문제는 그런 상황이 계속되다가 남편이 퇴직을 하게 되었을 때부터 발생한다.

실낙원(失樂園)의 세계를 경험해 보았는가. '낙원'이란 아무런 고통도 번민도 없이 즐거움만 가득해야 하는 곳이다. 지상낙원인 '에덴동산' 이래 '가정'은 태초부터 낙원이 되도록 설계된 장소다. 집은 가족 모두에게 유일한 쉼터로, 행복을 만끽하는 공간으로 존재해 왔다. 그래서 노래 가사에도 "즐거운 곳에서는 나를 오라 하여도 내 쉴 곳은 작은 집, 내 집뿐"이라고 하지 않던가.

부부가 지난날 젊고 아름다웠을 때의 초상화만을 간직하고 살면 큰 착각이다. 보기 싫더라도 나이 들어 변하는 모습을 그대로 인정해야 한다. 또 직장에서의 고민을 집에 갖고 가는 것은 금물이다. 밖에서의 갖가지 고민을 집까지 싸들고 가서 잠을 설친다는 것은 아내와의 전쟁을 시작하는 위험한 일이 된다.

일이 뜻대로 되지 않는다고 해서 자신의 고민을 가족에게 전파하거나 신경질을 내면, 이는 낙원의 문을 때려 부수는 것과 다름없다. 아내도 당신의 고민을 전달받으면 함께 고민하게 되고, 당신이 신경질을 부리면 아마도 몇 배는 더 화를 낼 것이다. 틀림없이 '되로 주고 말로 받는 격'이 될 거다.

그러다 보면 집안은 어두운 공기에 휩싸이게 된다. 그렇다고 남편의 고민을 눈치 채거나 현실 문제에 대해 함께 의논을 하게 되었을 때, 아내가 모르쇠로 일관하는 것도 '실낙원'의 시초가 된다. 비록 면적은 작지만 가정을 평화롭게 이끈다는 것은 쉬운 문제가 아니다. 실낙원의 경우를 보자.

한 친구는 학교를 졸업하자마자 대기업에 취직하여 승승장구 잘 나갔다. 대리, 과장을 거쳐 부장, 임원으로 승진을 거듭하면서 최고경영자까지 지낸 후 50대 후반에 퇴직을 했다. 직장인으로서 크게 성공한 케이스였고 명예롭게 마감했다.

그 후 한동안은 부부가 함께 골프를 치거나 해외여행을 다니면서 행복한 나날을 만끽했다. 하지만 언제까지나 그렇게 지낼 수만은 없는 노릇. 다시 뭔가 일을 해야겠다고 생각하는 순간, 전혀 예상치 못했던 아내와의 불화가 시작되었다.

아무리 부부 금실이 좋다고 해도 온종일 마주 보고 있으면 사소한 언쟁이 생기고 급기야는 싸움으로 번지게 마련이다. 그리고 마침내 아내가 드러내 놓고 "이웃 보기 창피하다"며 눈치를 주는데, 그렇다고 정처 없이 밖으로 나가자니 갈 곳이 없다. 오라는 곳은 동네 경로당뿐인데 막상 가자니 용기가 나지 않았다. 다급한 마음에 택시운전을 해야 할지, 아니면 아파트 경비로 가야 할지 마음을 정하지 못하고 있다. 취업의 눈높이를 낮춰야겠다고 생각은 해 보지만, 체면이 앞을 가로막는다. 평소 자존심이 강한 것으로 보아 재취업을 위한 그의 고민은 아마도 길어질 것 같다.

평생 공직생활을 해 온 한 선배는 승진을 거듭하여 어느 기관 총수 지위까지 오르면서 주요 지휘관으로 근무하다가 50대 후반에 퇴직하였다. 평소 직장에 대한 애착과 자긍심이 높은 분이었다. 퇴직한 후에는 공기업에 감사로 일하다가 쉬게 되었는데, 문제는 퇴직하고 집에서 소일할 때 나타났다. 한창 일할 나이에

쉰다는 건 고역이 아닐 수 없다. 그분은 자주 꿈을 꾼다고 한다. 멋진 배지와 훈장들로 장식된 정복을 차려입고 지휘봉을 들고 부동자세로 도열한 부하직원들을 사열하는 장면이 연출된다는 거다. 그리고 단상에 올라 훈시까지 한다는 것이다.

꿈에서 깨어나면 식은땀에 젖게 되고 근무하던 시절이 '그립다'는 거였다. 그러다가 결국 우울증까지 앓게 되었다. 갈 곳이 없으니 집에 들어앉아 잔소리만 늘어갔다. 자신은 결코 잔소리가 아닌데 아내는 잔소리로 받아들인다는 것이다. 그런 모습을 바라보는 아내 또한 처음에는 마음 아파했지만 상황이 나아지지 않자 부부 사이마저 악화되어 별거에 이르고 말았다.

이 경우, 선배는 퇴직 후의 생활을 '연착륙' 시키지 못했고 아내는 남편을 이해로 감싸지 못한 것이다. 갈 곳을 찾던 선배는 지금 동남아에서 사업하는 지인의 회사에 고문직이란 명분으로 나가 있다. 무보수지만 일상에서 탈출한 셈이다. 누구의 잘못도 아닌 '상황이 가져다 준 결과'다.

대개의 경우 남성은 퇴직을 해도 한동안은 오랜 세월 해 오던 습관대로 무의식중에 일정한 시간에 일어나 아침을 먹은 후 양복 입고 가방 들고 현관을 나선다. 하지만 아침마다 모시러 오던 기사도 현관 벨을 누르지 않는다. 이상하다며 신발을 신다가 문득 "아차! 내가 지금 어딜 가는 거지?" 하며 현관에 주저앉는다. 그리고 그 무렵 아내로부터 자존심 상하는 소리를 듣는다.

"어이구, 퇴직했는데 지금 회사에 가는 거예요? 남들은 다시 직장을 잡는데 당신은 왜 못해!"

이런 현상이 장기 근속한 퇴직자들의 모습이다.

이쯤 되면 남편들은 가족 보기에도 민망하고 자존심이 상해 '밖으로 나갈 곳'을 열심히 찾는다. 하루하루가 '지겹다'면서 여기저기 일자리를 수소문하며 지낸다. 느는 것은 한숨과 주량뿐이다.

앞의 두 경우에서도 같은 현상이 나타났다. 대개 퇴직한 남편과 집에 하루 종일 같이 있으면 사소한 의견 차이로 언쟁이 일어나고 잔소리도 늘어난다. 결국 말다툼을 하다 보면 감정이 격해져서 '당신'이란 호칭은 '너'로, 그리고 '야'로 변하다가 급기야는 입에 담기 어려운 욕도 나오게 된다. 젊어서 애틋했던 정은 어디론가 사라지고 '소 닭 보듯' 하다가 결국 지겨운 관계로까지 발전한다. 아내는 남편이 아침이면 어디론가 외출해 주기를 바라고 재취업을 간절히 바란다.

일정한 수입이 없는 상황에서 곶감 빼먹듯 생활비를 쓰자니 불안해진다. 상황이 여기에 이르면 답답한 남편은 친구를 찾아 밖으로, 아니면 공원을 헤매게 마련이다. 남편이 집에만 있으면 이제는 아내가 밖으로 나간다. 찜질방, 미장원, 에어로빅, 동창회 등으로 아내도 바쁘다. 결국 가스, 전기 등 집단속, 우유배달, 신문구

독료 지불은 남편 담당이 되고 만다. 이렇게 되면 남편은 좌절과 낙망으로 어깨가 축 처진 채 삶의 회의마저 느끼게 되는 것이다. "기쁠 때나 슬플 때나 서로 사랑하고"란 혼인서약은 멀리 사라지고 원수처럼 얼굴도 마주하지 않고 살게 되는 거다.

어떤 배우자를 만나느냐가 인생을 좌우한다

"배우자와의 관계가 천국과 지옥을 경험하게 한다"는 말이 있다. 일본의 유명한 컨설턴트 다나베 쇼이치(田邊 昇一) 씨는 '인생에서 가장 중요한 세 가지 요소'를 다음과 같이 꼽았다.

첫째, 무슨 일(직업)을 하느냐.
둘째, 살면서 누구를 만나는가.
셋째, 어떤 배우자를 만났는가.

성공적인 삶을 위해서는 '어떤 배우자를 만나느냐'가 얼마나 중요한가를 지적하는 대목이다. 남성의 경우에는 '어떤 아내를 만나느냐'가 매우 중요하다. '현모양처형'이 있는가 하면 중동의 사막에서 땀 흘려 번 돈, 월남 전쟁터에서 목숨 걸고 번 돈을 황당

하게 날려 버린 아내도 있다. 반대로 남편 잘못 만난 여성의 경우도 같을 것이다. 무능한 남편 때문에 그의 빚까지 떠맡고 매까지 맞으며 살아가는 아내도 있다.

노년에 접어들면서 부부관계가 심각한 문제로 떠오르는 경우가 의외로 많다. 역사상 악랄하기로 이름난 아내들이 있다. 세계 3대 악처 명단에 이름을 올린 여성은 철학자 '소크라테스'의 아내를 비롯하여 작가 '톨스토이'의 아내도 있다. 그래서일까, "악처와 있으면 철학책이 필요 없고 양처와 있으면 주치의가 필요 없다" 든가 "악처와 함께 있으니 차라리 사막에 홀로 있는 게 더 낫다" 는 말이 있다. 그런데 그 남성들은 모두 지극히 고매한 정신의 소유자들이었다.

우리는 모두 성혼서약을 하고 결혼식을 올린다. "슬플 때나 괴로울 때나 병든 때나… 죽음이 서로를 갈라놓을 때까지… 변치 않을 것"을 맹세한다. 부부간의 사랑도 여러 형태이니 꼭 맞는 잣대를 들이댈 수는 없다. 평생 동반자인데 가정에 금이 가는 상황이 온다는 것은 참으로 서글픈 일이다. 부부애란 무엇인가. 아름다운 로맨스만은 아닌 것 같다. 원래 인간은 홀로 완벽하지 못하니 배우자를 가리켜 '더 좋은 반쪽(better half)'이 되라고 상호보완적 관계를 의무로 삼았다. 서양에서도 부부는 경제적 하나(Economical Oneness), 정신적 하나(Spiritual Oneness), 생체적 하나(Biological Oneness)를 이루는 것이 가장 이상적이라 강조하고 있다.

지금도 아내의 허영심을 키우고 있는가

과거에 여유롭게 살아온 사람들은 대부분 앞으로도 계속 그럴 것이라는 착각을 한다. 당신이 오늘의 현실을 직시하고 새로운 계획을 실행하지 못하는 이유가 혹시 '아내의 허영'에 있지는 않는가. 아내가 당신에게 분에 넘치는 큰 기대를 갖고, 잘나갈 때의 생활수준을 앞으로도 고집하고 있다면, 이는 분명 새 삶에 걸림돌이 된다.

아내의 주관사항인 자녀의 고액 과외비로 허리가 휘고 있지는 않는가. 경쟁적으로 치솟는 과외비가 보통 급여생활자의 월급보다 더 많은 경우도 많다. 아내가 "내 남편은 더 출세하고 계속 잘나가게 될 거야"라고 기대한다면 당신도 아내를 실망시키지 않기위해 큰 부담감을 가질 것이다.

그리고 직장에서 후배에게 승진 순서가 밀리거나 진급 대열에서 제외되었을 때도 당신은 그런 사실을 아내에게 숨겼을 것이다. 이것은 매우 심각한 문제다.

'결혼'이란 무엇이며 아내는 누구인가. 프랑스 유머에서 결혼의 의미를 상인이 보면 위험한 투기, 군인이 보면 30년 전쟁, 의사가 보면 열병(고열)이지만 곧 내려간다고 했다. 또 음악가가 보면 합창이 되는데 알토(여성 쪽)가 강하다. 일기예보관이 보면 맑은 후 흐림, 때때로 천둥번개, 부동산업자가 보면 장기계약, 사업가가 보면 동업자로 본다는 말이 있다.

어떻든 아내는 평생의 반려자로 함께 살아가는 동지가 아닌가. 고민이 있다면 아내에게 망설이지 말고 있는 그대로 모두 털어놓고 말해야 한다. 오늘의 현실과 앞으로의 삶에 대해 의논하고 의견을 구해야 한다.

만에 하나, 그렇게 하지 못하고 아내를 실망시키지 않기 위해 계속해서 허영심을 조장하고 있다면 이는 큰일이다. 남자의 체면과 아내의 기대를 꺾지 않기 위해 "걱정하지 마, 내가 누구야"라고 호언장담을 한다면 훗날 실망하게 될 경우 어쩔 셈인가.

만일 아내가 당신의 진술한 대화를 듣지 않고, 어려움이 닥칠지도 모르는 장래의 삶을 함께하지 못할 거라면 어떻게 할 것인가. 그런 부부라면 차라리 헤어지는 게 좋지 않을까.

금전 문제도 그렇다. 가정의 재정을 투명하게 하고 아내와 의논해야 한다. 따로 관리하는 돈이 있어선 안 된다. 유리지갑을 가져라.

정년퇴직 후에 남은 인생을 어떻게 살아갈 것인지를 허심탄회하게 밝혀야 한다. 그 점에 대해 아내는 어떻게 생각하는지, 달리 좋은 의견이 있는지 경청하고 함께 결정해야 한다. 이럴 때 아내도 모두 털어놓고 의논하면 더더욱 좋은 해답을 얻을 수 있을 것이다. "백지장도 맞들면 낫다"는 말과 "외줄보다는 쌍겹줄이 더 강하다"는 금언을 다시 한 번 마음에 새겨야 한다.

황혼이혼이 증가하는 이유

황혼이혼이 증가하는 세상이다. 이혼 사유도 갖가지다. 경제문제, 배우자의 외도, 폭력, 성격차이, 무관심, 가족 홀대 등 수없이 많다. 일본이나 우리나라에서도 어떤 아내는 남편이 정년퇴직하는 그 다음 날 이혼서류를 제출하는 경우가 있다. 남편이 받는 퇴직금으로 재정 상태가 가장 좋을 때를 택한 것이다.

물론 그런 아내에게도 할 말은 있다. 50대에 이른 아내는 그동안 가사는 물론 자녀 키우기, 노부모 모시기, 자녀 결혼준비 등으로 헌신해 왔다. 사업을 하거나 직장만 다니지 않았을 뿐 가사일에 '커리어 우먼'인 셈이다.

그런데 이제 나이 들어 좀 편하게 살려고 했더니 답답한 상황이 닥치자 돌파구를 찾게 되는 것이다. 누구나 노인이 되기 싫은 것처럼 아내도 마찬가지다. 언제까지나 할머니가 아닌 아줌마로 살기를 원한다. 편하고 즐거운 인생을 꿈꾸는 아내를 탓할 수만은 없다.

정년 후 출근하지 않는 남편은 매일 매일이 공휴일이다. 말하자면 '하루 놀고 하루 쉬는 것'이다. 아내가 보기에 남편이 하루 종일 집에서 빈둥거리며 평소에는 안 보이던 보기 싫은 모습도 자주 연출한다. 평생 가족들을 수발하며 살아왔는데 아이들도 떠나버리고 빈 둥지에 홀로 남은 어미새처럼 허탈한 터에, 나이 들어 온종일 남편 수발로 날이 저무니 '나는 수발만 들기 위해 태어났나' 하는 자괴감도 든단다. 그러면서 인생이 허무하다는 생각과 함께 억울하다는 분노까지 치민다는 것이다.

한 조사에 의하면 한국의 50대 여성 중 37%가 '불행하다' 는 통계가 나왔다. 10개국 중 가장 높은 비율(인도네시아는 17%)이다. 자신이 불행하다고 생각하니 "나는 누구이며 내 인생은 어디로 갔느냐"면서 심지어 야박한 계산까지도 하게 되는 것이 아닐까.

여자가 남자보다 평균수명이 7, 8년 더 긴데 70~80세 되어 남자보다 7, 8년 더 살면 무슨 의미가 있겠느냐, 그러니 위자료, 연금, 재산 분할로 50%를 받으려면 하루라도 빨리 '아직은 아줌마' 일 때 받는 게 좋다고 생각하는 거다.

또 기왕에 그러려면 남편이 퇴직한 직후가 절호의 기회가 된다는 계산이다. 그래서 남편 퇴직 다음 날 이혼절차를 밟는다는 거다. 남은 인생을 자유로이 살겠다는 의지의 표현이 아닐까. 혹시 다른 남성과 결혼하려는 속셈이 따로 있는지는 알 수 없지만.

혹시 배우자가 이혼을 요구하면

혹시라도 배우자가 이혼을 요구해 온다면 어떻게 할 것인가. 당신은 물론 이런 상황이 오지 않도록 미리미리 잘 대처하고 있을 것이다. 그런데, 그런데 말이다. 만에 하나 아내가 이혼을 작심하고 행동에 옮기면 그땐 이미 심사숙고 끝에 나온 행동이니 더 이상 매달릴 필요도, 소용도 없다고 본다. 가정에 실금이 간 정도라면 서둘러 메꿔서 전처럼 유지할 수도 있다. 하지만 완전히 깨어진 그릇이라면 다시 원형으로 복구할 수 없지 않을까.

이혼하려는 부부에게 최대의 고민은 '이혼 후에 자녀가 겪을 고통'인데, 아내가 이 문제까지도 각오하고 이혼 결정을 내렸다면 당신이 어떤 설득과 회유를 하더라도 이미 때는 늦었다. 아내는 이미 '결혼 재수' 또는 '결혼 삼수'까지도 결심했는지 모른다. 당신에 대한 아내의 평가는 이미 '종결 처분'된 셈이니 아예 깨끗이 받아들이는 게 좋다. 부부는 이 세상에서 '가장 가까운 남남'이란 말이 있다. 어느 한쪽이 가깝게 지내기를 거부한다면 그 순간에 남남이 되고 마는 것이다.

서울시가 발표한 '서울 서베이자료'(통계청 자료)에 의하면 "경우에 따라 이혼할 수 있다"는 의견이 남성 33.2%, 여성 38.5%로 나타났다. 여성이 남성보다 더 높다. 50세 이상 이혼 비중도 남편이 32.7%

로 20년 전에 비해 4배, 아내가 22.4%로 6배나 증가하였다. 한편 '배우자에 만족한다'는 여성은 64.9%로 남성의 73.4%보다 낮다. 결혼생활의 만족도는 남성보다 여성이 떨어졌다.

이혼할 경우, 당신은 앞날의 집안일이 걱정되는가. 노후에 건강을 돌봐줄 사람이 필요해서 아내에게 매달려 볼 생각인가. 아니다. 상대방이 결론을 냈으면 쿨하게 받아들여라. 이혼 절차도 소송 말고 합의이혼으로 하라. 소송을 하면 물적 · 정신적 고통이 따른다. 아내가 가사나 노약자 도우미가 아닌 이상 얼마든지 필요한 인력을 고용할 수 있다. 또 더 나이가 들면 국가지원제도를 이용할 수도 있다.

'사랑의 유효기간'은 몇 년일까.

사랑에도 생로병사가 있다는 주장이다. 미국 코넬대학에서 5천 명을 상대로 사랑의 유효기간에 대해 조사한 결과, 18개월에서 30개월이면 뜨거웠던 사랑이 식는다는 사실을 발견했단다. 이 연구의 제목은 '사랑은 900일간의 폭풍'이었다. 연애 초기에는 둘이 얼마나 똑같은지에 대해 감탄하며 보내는 시간이고, 중반부는 그것이 얼마나 큰 착각이었는지를 깨달아 가는 시간이라는 말이 있다. '도파민'이란 단어를 자주 듣는다. 사랑의 감정은 1년이면 50%가 사라지고 이후 계속 낮아지며 결혼 후 4년째가 이혼 확률이 가장 높다는 연구 결과도 있다. (자료 조선일보 2018. 1. 26.)

이미 마음이 떠난 아내와 신경 쓰며 불편하게 사느니 마음 편한 쪽을 택하는 것은 어떨까. 소크라테스가 남긴 말이 생각난다. "악처와 사느니 차라리 사막에서 홀로 사는 게 더 낫다." 반대로 자기 인생의 걸림돌이 되는 남편을 가진 아내의 경우도 마찬가지다.

일본의 경우를 보자.

최근에는 결혼식이 아닌 이혼식을 준비해 주는 '이혼식 플래너'가 등장했다. 이혼식 자리에서 부부는 지인들에게 '이혼을 서약' 한다. 그리고 각자 이혼의 이유를 설명하고 마지막 인사를 곁들인 다음 결혼 생활이 담긴 영상자료를 보고 끝으로 결혼반지를 망치로 깨버린다. 비용은 5만5천 엔(한국 돈으로 60여만 원) 정도다.

이런 일을 직업으로 가진 사람의 주장도 일리가 있어 보인다. 그런 행사를 통하여 서로에게 고마움을 전하기도 하고 마음을 되돌린 경우도 있단다. 또 함께했던 삶을 돌아보고 지인들의 충고도 들으면서 인생을 다시 설계할 수 있기 때문이라니 말이다. 아직은 우리나라 정서에 맞지 않지만, 도저히 회복할 수 없는 결혼 생활이라면 이런 방법도 전향적이지 않을까.

최근 미국에서 부부 이혼을 예측하는 연구 결과(AI)가 발표되었다. 부부가 대화하는 음성자료와 어느 시점에서 어떤 억양으로 말했는지, 상대방의 말을 경청하거나 언성을 높이지 않았는지, 말을 가로막지 않았는지 등의 자료를 가지고 심리학자와 치료사들이 연구한 결과다.

부부간의 다툼은 언제나 언성을 높이고 크게 소리를 지른다. 그리고 사용하는 단어도 험악하다. 때로는 욕도 나온다. 결국 부부 간에도 소통이 매우 중요하고 경청해야만 그 관계가 오래간다는 게 증명된 셈이다.

요즘은 이혼 대신 별거, 졸혼(卒婚)이란 단어가 생겼다. 별거는 이혼하지 않고 따로 산다는 것이고, 졸혼은 결혼 상태를 졸업했다는 의미다. 구체적으로 설명하기는 어렵지만 '서로 간여하지 않고 각자 독립적으로 생활한다'는 뜻이다. 호적상으로 가족관계가 정리되는 이혼이나 별 차이가 없어 보이는, 시대가 만들어 낸 형태로 보인다. 이렇게 되면 차라리 요즘 유행하는 별거 또는 졸혼을 검토해 보는 것도 좋지 않을까.

가족 구성의 변화

50~60대로 접어들면 가족의 변화가 많이 생긴다. 자녀들은 대부분 대학생이 되고 좀 더 세월이 쌓이면 결혼하게 된다. 그리고 손자 손녀들도 태어난다. 그러는 사이에 부모님은 한 분씩 세상을 떠나게 된다. 이런 과정을 거치면서 경제적 부담뿐만 아니라 정신

적으로도 기쁨과 슬픔이 교차한다. 부모님의 별세는 슬픔이지만 자녀의 대학 입학과 결혼, 손자 손녀의 출생은 기쁨이 되기 때문이다.

자녀의 결혼으로 식구 수가 줄어든다. 모두 분가해서 따로 살고 있으니 요즘은 아들이 결혼해도 식구가 늘었다고 볼 수 없고, 반면 딸이 시집을 갔어도 식구가 줄었다고 할 수도 없다.

자녀 교육을 잘 해야 함은 더 말할 필요도 없지만, 자녀의 배우자 선택 문제는 평생을 좌우할 매우 중요한 과제다. 이 문제는 자녀에게 "알아서 하라" 하지 말고 부모가 상당부분 간여해 줄 것을 권고한다. 자녀의 배우자 선택에서 부모가 동의를 해야 한다는 것은 다른 의미가 아니다. 어른의 시각은 젊은이들과는 차원이 다르게 마련이다. 경험과 경륜에서 오는 시각이 정확하고 자녀가 행복하게 살아가는 데 필요한 조건들을 살펴보기 때문이다.

배우자를 선택할 때 무슨 조건을 그렇게 따지느냐 할지 모르지만, 모든 만남은 서로에게 알맞는 조건이 구비되지 않으면 실패하기 십상이다. 우리 사회에서 1/3 이상이 이혼하는 이유가 배우자 선택 과정에서 성급하게, 또는 철없는 젊은이의 단독결정에서 비롯된다는 사실에 비추어 볼 때, 이는 아무리 강조해도 부족하다.

어깨 힘 빼고 맨얼굴로 대하라

가족에게는 있는 그대로의 모습을 보이는 게 편하다. 가족에게까지 스타플레이어로 살 필요는 없다.

남자는 대개 모든 사람에게 아니, 가족에게도 잘 보이려는 '스타의식'이 있다. 높은 자존심과 체면을 중시하기 때문이다. "다리가 썩어들어가는 데도 손가락으로 킬리만자로의 눈 덮인 봉우리를 가리키는 게 남자"(조선일보 김윤덕 기자)라고 한다. 그래서 '폼생폼사'란 말까지 나왔다. 남이 인정해 주기를 바라다가 심지어는 '영웅시' 되려고 애를 쓰기도 한다.

장성으로 예편한 친구의 아내로부터 하소연을 들은 적이 있다. 집안에서도 늘 긴장상태로 지내는 남편에게 집안일을 부탁하면 화를 내기 일쑤고, 동네 반장 집에 좀 다녀오라고 하면 장군에게 그런 심부름을 시킨다고 거절한다는 것이다. 주민센터에 가서 주민등록등본 한 통 떼어 달라고 부탁해도 안 간단다. 공무원이 티격대는 걸 보면 화가 치밀어 오르기 때문이란다. 자녀들에게도 체면을 따지고 자존심을 내세워서 훈시만 할 뿐, 따뜻한 대화가 전혀 없어서 늘 삭막한 분위기라는 것이다.

내가 사업할 때의 경험이다. 장군 출신을 사장으로 영입했더니, 인허가 기관에 가지도 않고 기관장을 만나서도 상대방의 계급을 따지는 경우가 있었다. 결국 일 년도 안 되어 사직시키고 말았다. 누구든 지난날의 신분을 내려놓지 못하고 그 허상에 볼모로 잡혀서 살면 자신의 삶에 괴로움만 남을 것이다.

누구나 50~60대 이전까지는 가족과 타인과 자신의 기대감으로 멋진 모습으로 뛰게 마련이다. 하지만 50~60대가 되면 있는 그대로 '맨얼굴'을 보이는 것이 자연스럽고 친근감과 존경을 받게 된다. 따라서 자신도 즐거워진다. 그렇게 하지 않으면 부담감으로 늘 힘겨운 나날을 보내게 된다. 제2의 인생을 맞이하는 당신이 계속해서 "와! 정말 멋지다"는 말을 듣기 위해 과거처럼 '파이팅 포즈'를 취한다는 것은 정말 쉽지 않은 일이다. 그런 포즈를 취한다고 해도 그렇게 되지 않는다. 그러려면 얼마나 피곤하겠는가. 달관(達觀)의 나이에 접어드는 시기인데 굳이 그럴 필요가 있겠는가. 들에 핀 들국화처럼 남의 눈을 의식하지 말고 마음 편히 사는 게 좋지 않을까.

가족에게 손으로 꾹꾹 눌러쓴 편지를 보내면

당신은 혹시 가족에게 편지를 써 보았는가. 요즘은 휴대폰, 이메일 등 통신기술의 발달로 굳이 종이에다 편지를 쓰기도 참 어렵게 되었다. 그렇게 쓰는 사람도 없거니와 그럴 필요조차 없어졌다. 하지만 손으로 편지를 쓰다 보면 쓰는 자신도 마음이 숙연해지고 받는 이도 다르게 받아들인다.

가족에 대한 편지는 아무래도 일상적이 아닌, 특수한 경우에 쓰게 된다. 부끄러운 내용이지만 편지 쓸 때의 심정을 독자에게 알리고자 필자가 IMF 당시에 아내에게 썼던 편지 내용을 소개한다.

1997년, 온 나라를 휩쓸었던 경제 쓰나미로 말미암아 회사 경영을 책임지고 있던 필자도 몹시 궁박한 상황에 놓이게 되었었다. 그런 사태를 어찌 처리해야 할지 막막하기 그지없었다. 너무 힘이 들어 생각다 못해 사태가 가라앉을 때까지 잠시 어디론가 잠적하고픈 생각이 간절했다. 외국행 비행기표를 사서 주머니 속에 넣고 다니던 어느 날 늦은 밤, 사무실에 홀로 앉아 아내에게 편지를 썼다. 공항에서 밤비행기로 떠나기 직전에 우체통에 넣으려고 봉투에 우표까지 붙였다. 편지는 모두 세 통이었다. 편지봉투에 쓴 번호는 사안별로 개봉해서 읽는 순서를 표시한 것이다. 요지는 아래와 같다.

봉투 1

〈갑자기 말없이 떠나 미안하오.〉

얼굴을 마주하고는 차마 말하기가 어려워서 이 편지를 쓰게 되었으니 널리 이해하기 바라오. 당신도 알다시피 IMF 사태로 나라 전체가 온통 비상사태이고 우리 회사도 파산상태에 처해 있소. 그동안 자세한 얘기는 안 했지만 날마다 채권자들이 회사로 휘발유통까지 들고 찾아와 분신자살을 하겠다며 난리를 치니 너무 괴로워서 잠시 외국에 나가 있어야겠소.

행선지는 아직 정하지 못해 어디라고 말할 수 없고, 언제까지일지도 잘 모르겠으니 찾지 말고 내가 연락할 때까지 기다려요. 내게 시집와서 고생이 참 많았구려. 어린 자식들을 잘 부탁하오. 무슨 일이 있더라도 애들 학교는 꼭 보내야 하오.

오늘 우리에게 닥친 환난을 잘 참고 견디다 보면 좋은 날이 오리라 믿어요. 성서에도 "고통은 인내를, 인내는 연단을, 연단은 새 소망을 준다"고 했으니 힘들고 괴로울 때마다 기도하고 성경을 읽으며 마음을 다스리기 바라오. 주님이 함께하실 줄 믿어요.

봉투 2

〈생활비와 아이들 등록금이 필요할 때 열어 보시오.〉

○○○씨에게 전화해서 사정을 얘기하면 도와줄 거요. 전화번호는 ×××–××××. 차용증(금액은 백지로)과 부탁의 글을 함께 넣었으니 그분에게 전달해요. 그리고 당신 직장 알아보는 건 잠시 보류해요. 지금 심정으로 어떻게 직장 일을 할 수 있겠소? 애들이나 잘 보살펴 주시오.

봉투 3

〈집에 경매가 들어와 거처를 옮겨야 할 경우에 열어 보시오.〉

집이 경매되면 곧 집달리가 와서 강제로 집을 비우라고 할 거
요. 그러면 충격을 받을 테니 미리 이사 갈 준비를 해요. ○○○씨
에게 연락해서 반지하 한 칸짜리 월세로라도 얻게 도와달라고 해
요. 아마 그분은 힘 닿는 데까지 도와줄 거요. 전화번호는 ×××-
××××. 차용증(금액은 백지로)과 부탁의 글을 넣어 두었으니 그
분에게 전달해요. 낙심하지 말고 힘내기 바라오.

나는 이렇게 쓴 편지 세 통을 오래도록 주머니에 넣고 다녔다.
시간이 흘러 봉투가 너덜거리면 다시 새 봉투로 바꾸곤 했다. 그
러나 정작 떠나지는 못한 채 사태를 수습하느라 정신없이 뛰어다
니다가 다시 생각해 보게 되었다. 어려움이 닥쳤다고 이런 식으로
도피를 한다면 회사와 사원들은 어찌 되는 것일까. 또 채권자들은
어쩌란 말인가. 매우 비겁한 처신이 아닌가. 사리와 법에 따라 정
정당당하게 정면 돌파하기로 결심하면서 결국 편지는 부치지 않
았고, 세월이 많이 흐른 후에 아내에게 전했다.

편지를 읽어 본 아내는 편지 쓸 때의 내 심정을 충분히 이해하
면서도 그렇게 되었다면 너무 비참하지 않았겠느냐며 눈물을 보
였다. 그 편지가 내게 각오를 새롭게 했던 점은, 편지를 쓸 때의
비참했던 심경이 살아가는 동안 '잠재위험신호'로 늘 밑바닥에

깔려 있었다는 것이다. 준비하며 살지 않으면 언제든지 그런 편지를 다시 써야 할 상황이 올 수 있기 때문이다.

지금 당신에게 어떤 괴로움이 있는가. 가족에게 특별히 털어놓거나 당부할 말은 없는가. 그렇다면 숨기거나 말로 하지 말고 당신의 심정을 허심탄회하게 편지로 써서 우체통에 넣어 보라. 가족들은 오히려 감동과 기쁜 마음으로 당신을 이해할 것이며, 당신에 대한 신뢰와 사랑은 더욱 깊어질 것이다.

제8장
멋진 노후를 위한 발걸음

돈의 중요성

"10억 원이 없으면 당신의 노후는 찌질해진다."

어느 보험회사의 '공포 마케팅' 카피 내용이다. 한때 교수사회에서 '다섯 가지 소망'이란 말이 회자되었다. 지방에 있는 교수들은 "집은 작아도 좋고 자동차는 고급이 아니라도 좋다. 이 두 가지에다 헬스클럽과 골프장 회원권과 현금 5억 원이 있으면 더 이상 바랄 게 없다"고 했다. 그리고 서울에 있는 교수들은 위의 네 가지 기본에다 현금 10억 원을 원했다. 모두 자신들의 현재 상황이 그렇지 못하니 장래에 그렇게 되기를 소망한 것일 터이다.

언젠가 한 대학에서 교수 월급으로 13만 원을 지급했다는 서글픈 뉴스가 보도되었다. 이런 상황에서 앞에 말한 교수들의 소망은 언제쯤이나 이루어질 수 있을까?

현대사회는 막말로 돈 없으면 죽는 세상이다. 돈이 없으면 입원은 물론 수술도 거절당하는 경우가 있다.

돈이 있으면 얼마나 편리한가. 하고 싶은 일도 대부분 다 할 수 있다. 돈은 행복과 밀접한 관계가 있다. 돈이 없어서 겪는 불편함이 얼마나 크던가. 그뿐인가. 돈이 품위도 지켜 주는 세상이다.

50~60대는 일생에서 최고의 수입을 획득하는 시기다. 급여도 직위에 따라 큰 차이가 난다. 반면, 50~60대는 지출도 가장 많은 시기다. 늘어난 생활비에다 자녀 학비가 이만저만이 아니다. 50대 후반부터는 장성한 자녀의 결혼자금도 필요하게 된다.

40대까지는 무슨 일이든 일단 저지르고 뒤를 돌아보지 않기도 한다. 결과가 나쁘더라도 다시 일을 할 수 있기 때문이다. 하지만 50~60대는 그럴 수가 없다. 다시 시작할 기회가 없다. 히루해에 비유하면 오후 4시쯤이라고 할까. 따라서 '실패'란 있을 수도, 있어서도 안 되는 시점이다.

퇴직자 중에는 처음엔 오락삼아서 또는 일확천금을 노리고 퇴직금으로 경마나 노름판에 끼어드는 경우가 있다. 한심한 처사다. 퇴직금은 샐러리맨으로서 일생에 가장 큰 목돈을 받는 것이다. 복권에 당첨되기 전에는 다시 그런 큰돈을 받기는 어렵다. 당신이 평생을 직장에 몸바쳐 일한 대가이니 바로 당신의 피와 땀이라고도 할 수 있다. 어찌 함부로 쓸 수 있겠는가.

그래서 그 돈은 매우 신중하게 계획하고 엄중하게 사용해야 한

다. 50~60대는 생각하는 것의 반은 일, 반은 '돈을 계산하는 시기'
여야 한다. 그만큼 돈을 중요시해야만 한다.

돈에 대한 철학을 갖자

　돈은 행복의 끈이 되기도 하지만, 정당성이 결여되면 악마가 되
기도 한다. 권력자들이 돈이 궁하다고 검은 돈을 받으면 어찌 되
는가. 예외 없이 사건이 되고 결국 교도소로 직행하는 게 우리 현
실이다.

　언론에 보도되는 뉴스의 30%는 부정에 빠진 사람들에 대한 얘
기다. 고위공직자, 정치인, 기관장, 재벌, 회사간부 등 일반 시민
들보다는 힘 있고 잘사는 사람들이 더 범죄를 저지른다. 이유는
뭘까. 욕망을 다스리지 못하기 때문이다.

　돈이 필요하다고 검은 돈에 빠지면 지금까지 쌓아 올린 공든 탑
이 하루아침에 무너지고 실패자, 낙오자로 낙인찍히는 게 아닌가.
가난하지도 않은 그들이 왜 그리 되었을까. 돈에 대한 철학이 없
기 때문이다.

　인간의 욕망은 한이 없기 때문에 마음가짐이 필요하다. 내게
필요한 돈은 얼마인가. 용도는 무엇인가. 내게 필요한 돈은 내가

추구하는 의미와 보람 있는 목표를 달성하는 데 꼭 필요한 것인가. 이러한 문제의 답을 얻게 되면 돈에 대한 맹신이나 두려움에서 벗어나 '돈은 단지 돈일 뿐'이라는 사고를 갖게 될 것이다. 정당한 재산은 소유하되 그것 없이도 살 수 있다는 마음가짐이 필요하다.

돈에 너무 집착하지 말고 돈에 대한 분명한 철학을 가져야 한다. 돈이 삶의 윤활유임은 분명하나 노예가 되면 비참해진다. 50대 이후의 삶을 어떻게 살아갈 것이냐를 놓고 생각해 보면 대부분 별여유가 없을 것이다. 그래도 평소 가고 싶었던 여행을 가거나 손자 손녀에게 용돈이라도 줄 수 있다면 다행으로 여겨야 한다.

현대사회의 생활여건과 소득수준에서 월수입 500만 원이면 일단 중산층이라고 할 수 있다. 수입이 많으면 많을수록 좋지만, 500만 원이 넘는다고 해서 행복지수가 증가하지는 않는다는 것이 사회학자의 분석이다. 따라서 돈이 목적이 되어선 안 된다. '돈은 참 좋은 거지만 없으면 불편한 정도'로 알고 사는 게 편하다. 당신은 어떻게 할 것인가.

선현들의 가르침을 보자.
- 적은 소득이 의(義)를 겸하면 많은 소득이 불의를 겸한 것보다 낫다(성서).
- 너의 일상이 초라해 보인다고 탓하지 마라(릴케).

- 행복의 비결은 필요한 것을 얼마나 갖고 있느냐가 아니라 불필요한 것에서 얼마나 자유로워지느냐에 있다(법정스님).
- 돈으로 살 수 없는 것들…

  돈으로 집은 살 수 있지만 가정은 살 수 없다.

  돈으로 지위는 살 수 있지만 존경은 살 수 없다.

  돈으로 침대는 살 수 있지만 잠은 살 수 없다.

  돈으로 약은 살 수 있지만 건강은 살 수 없다.

  돈으로 친구는 살 수 있지만 진정한 우애는 살 수 없다.

남과 비교하면 불행의 시초가 된다

원래 인간은 먹고, 입고, 잠잘 곳이 있으면 더 이상 바랄 게 없었다. 그런데 문명이 발달하고 즐거움과 편리함을 추구하면서 더 많은 것을 원하게 되었다. 라디오를 듣던 시대에서 텔레비전이 나오자 더 큰 컬러판을 찾게 되었고, 가구도 처음엔 기본 용도에 만족하다가 멋진 디자인을 찾다가 급기야는 수입품을 갖고 싶어 한다.

형님 집에서 제사를 지내고 돌아오는 날은 어김없이 부부싸움이 시작된다. 아내가 짜증 섞인 말투로 쏘아댄다.

"형님 집에는 으리으리한 이태리 가구가 놓여 있던데, 당신은 도대체 뭐하는 거예요?"

남편은 몹시 당황하고 자존심도 상하지만 일단 참고 말한다.

"우리도 조금만 더 참으면 그거 다 살 수 있어."

"도대체 그게 언제예요? 작년에도 그러더니, 누가 집에 오면 창피하단 말예요."

이쯤 되면 그날 저녁 늦게까지 싸움이 이어지고 서로 울화가 치밀어 잠도 설친다. 형님 집에 제사를 지내러 가지 않았더라면 일어나지 않았을 싸움이 아닌가.

이런 싸움은 아내가 동창회에 다녀온 날이면 더 심해진다.

"누구는 하와이 여행을 다녀왔고, 누구는 50평짜리 아파트로 이사했다는데, 나는 미장원도 안 가고 옷도 '남살롱(남대문 도매시장)' 것만 입으며 절약하는데 아직도 20평짜리 이파트에 살고 있으니 내가 시집을 잘못 온 거야!"

아내의 신세타령을 들으면 남편의 의욕은 상실되고 더 나아가 우울증과 좌절을 겪게 된다. 이건 정말 백해무익한 소모전이다.

"남과 비교하지 마라." 법정스님의 말씀이다. 문제는 '남과 비교' 하면서 시작된다. 그래서 "비교는 불행의 시초"라는 격언이 있다. 또 "당신 자신을 남과 비교하지 마라. 이는 자신을 모욕하는 것이다"라는 말도 있다. 아내가 두고두고 남과 비교하면서 불행해한다면 서둘러 설득과 이해를 시켜야 한다. 당신 부부가 가진 장점을 되새기면서 남들보다 더 행복한 이유를 찾아내야 한다. 아내도 처음부터 평생의 배필로 '당신'을 선택했고 '괴로우나 즐거우나 역경을 헤치며 백년해로'하기로 하지 않았던가.

그렇게 선택한 것은 '돈보다는 당신이라는 한 인간'을 더 소중하게 여기고 사랑했기 때문이 아닌가. 또 만일 아내가 돈을 보고 다른 사람과 결혼했다면 그 가정에서는 항상 돈이 우선이고 사람은 뒷전이었을 것이다. 그래서야 어찌 사람 사는 세상이 될 것인가.

혹시 아내가 아직도 삶의 가치관을 세우지 못했다면 아내 손을 잡고 조용히 이 말을 들려 주길 권한다.

"돈으로 결혼한 사람은 낮이 즐겁고, 육체로 결혼한 사람은 밤이 즐겁다. 그러나 마음으로 결혼한 사람은 밤낮이 즐겁다."

다만, '남과 비교'해야 할 경우가 필요하다. 위만 쳐다보지 말고 아래를 두로 살펴보면 감사와 나눔의 마음이 싹튼다는 말이다.

새로운 친구를 만나자

"즐거운 인생은 친구 수(數)에 따라 정해진다"는 격언이 있다. 어떤 이는 "새 친구를 사귀기보다는 옛 친구를 잊지 말라"고 한다. 오래 묵은 친구가 된장처럼 깊은 맛이 있기 때문이란다. 맞는 말이다. 그러나 이것은 옛 친구의 소중함을 강조하는 것일 뿐, 다양한 삶을 위해서는 소극적인 말이다. 지금까지의 친구는 학교 동창, 직장 동료가 대부분이다. 이미 다 알고 지내는 처지다. 그러니까 더 넓은 세상을 폭넓게 알려면 새로운 친구를 만나야 된다. 앞에서 다나베 쇼이치 씨가 말한 "살면서 누구를 만나는가"의 중요성이 강조되는 대목이다.

새로운 친구를 만나는 일은 폭넓은 세상과 접촉하는 시발점이다. 다양한 채널을 통하여 새 얼굴들을 만나면 삶이 풍요로워진다. 필요한 정보를 얻게 되고, 우정이 돈독해지면서 새로운 일도 개척할 수 있는 계기가 되기도 한다.

남성의 일치된 성향은 뜻만 세우면 무슨 일이든 해 본다는 것이다. 자존심이 강해서 "지금 어디에 근무하십니까?"라고 물으면 가슴을 펴고 당당하게 명함을 내밀 수 있는 직장을 선호한다. 그러나 상대방으로부터 동정은 받으려 하지 않는다. 친구 없는 세상이란 '별(星) 없는 사막'이나 다름없다. 좋은 친구, 내게 플러스가 되는 친구는 돈을 주고라도 사야 한다. 그리되면 당신이 퇴직해서 받은 마음의 상처와 후유증을 재빨리 치유하게 되고 새로운 용기와 자신감도 얻게 될 것이다.

새로운 친구 만들기 도전

그러기에 50~60대가 되면 의식적으로 교류 범위를 넓혀야 한다. 지금까지 당신은 동창들을 일 년에 몇 번 정도 만나고, 주로 직장 선후배, 동료들과 만나왔다. 술을 마시든 골프를 치든 바둑을 두든 등산을 하든 그래 왔다. 과거 직장 동료들만 만나면 어떤 현상이 벌어지는가.

등산모임, 바둑모임, 골프모임 등의 예를 들어보자. 바둑모임은 대개 일주일 간격으로 모인다. 대화 주제는 무엇인가. 직장 동료들 모임은 아무래도 근무 당시의 계급과 질서가 있어서 은연중에 상하가 구분된다. 그리고 대화도 자연스럽게 과거의 상사가 독점한다. 말하자면 지난 과거의 자랑이나 투병, 사망 등의 내용이 전부다. '왕년에 내가…' 하는 식의 이야기가 반복될 뿐이니 생산성은 전혀 없다. 하루 빨리 그 세계에서 탈피하지 않으면 향후 발전을 기대하기 어렵다. 특히 지방에서 학교를 다닌 경우엔, 중앙 무대에서 활동하는 사람들을 더 많이 만나야 그들의 사고와 삶의 자세를 엿보게 되고 당신도 발전할 수 있다.

그럼 지금까지 한정된 샐러리맨의 범위를 벗어나 새로운 친구를 만나려면 어떻게 해야 할까. 사정이 허락한다면 각 대학원의 최고경영자과정 등 특수과정을 추천한다. 신지식과 정보, 시대의 흐름을 배우면서 좋은 친구를 사귈 수 있는 장점이 많다.

다음은 각종 사회단체를 생각해 볼 수 있다. 전문 직종별 단체도 있고 봉사단체도 많다. 대표적 봉사단체로는 국제로타리클럽, 라이온스클럽 등이 있고, 주거지역의 평생교육원(각 구청별)이나 백화

점 문화센터에도 커뮤니티가 있다. 의지만 있으면 얼마든지 여러 프로그램에 참가할 수 있다.

이렇게 새로운 세계로 들어가면 다양한 직종의 사람들을 폭넓게 만나게 된다. 분야별 전문가로는 변호사, 회계사, 예술가, 작가, 판사, 검사, 세무사, 의사, 기업 대표, 출판사 사장, 부동산중개사, 열관리사에 이어 제과점 사장, 초밥집 주인에 이르기까지 모든 직종을 망라한다. 문제는 어떤 프로그램에 참여할 것이냐 하는 선택이 매우 중요하다.

이런 활동 역시 시간과 돈과 노력이 소모되는 것이니까 될 수 있으면 지식과 정보를 많이 얻고 또 좋은 친구를 많이 만날 수 있는 프로그램을 선택해야 도움이 된다.

새 친구를 사귈 때 주의할 점

첫째, 겸손해야 된다.

새 친구를 사귈 때 주의할 점은 당신의 자세다. 의연하되 거만해 보이면 치명타가 된다. 자기 자랑도 지나치면 안 된다. 요즘은 자기 자랑을 길게 늘어놓으면 학생들도 교수를 싫어한다. 어디까지나 겸손하고 예의 바르게 처신하여야 한다.

둘째, 상대방에게 경의를 표하여야 한다.

예를 들어 일본의 유명한 저술가이자 방송인인 스즈키 겐지(鈴木健二) 씨는 평소 양복 윗저고리 안쪽 아래에 있는 작은 주머니

속에 명함을 넣고 다닌단다. 첫 인사를 나눌 때 상대방보다 빨리 명함을 꺼내기 위해서다. 사소한 것이지만 그만큼 상대방을 배려한다는 것이다. 이렇게 세심한 주의를 기울인 결과 새 친구 사귀는 데 큰 도움을 얻었다고 한다.

셋째, 신뢰의 통장잔고를 늘려라.

요즘은 모든 사람이 똑똑하다. 그러나 믿을 만한 사람은 드물다. 여러 단체나 모임에 가 보면 사업상 도움을 얻기 위해 참가하는 사람이 많다. 그래서 누구든 쉽게 믿으려 하지 않고 경계한다. 겸손한 자세, 상대방에 대한 배려, 상대방이 빚졌다는 생각이 들도록 진정성을 갖고 처신한다면 당신의 신뢰 통장잔고는 계속 늘어나게 되고, 어쩌다 한두 번 실수를 하더라도 오히려 상대방이 이해하려고 애쓴다.

이렇게 하면 상대방도 마음을 열고 다가온다. 그럴 때 당신은 또 한 사람의 '백년지기'를 얻게 되는 것이다. 그리고 여러 사람들로부터 받은 명함은 파일로 정리하여 관리하면 좋다. 당신이 50대가 끝나는 날까지 몇 날이 남았는지 계산해 보라. 그리고 계획과 일정을 세워 관리하라. 그래야만 발전할 수 있다.

진정한 친구를 얻으려면

사업이나 업무 관계로 필요할 때 만나는 것 외에 평생을 함께할 친구관계를 맺으려면, 악수하고 명함을 교환하는 사이만으로는 불가능하다. 어디를 가든 모르는 사람이 없을 정도로 인사를 나누는 '마당발'이 있다. 말하자면 '명함 쥔 손'들을 만나는 거다. 서로 명함에 새겨진 직함과 이해관계를 계산한 만남이 이루어지는 것이다.

하지만 그렇게 만난 사람들 중에 내게 위로와 격려가 꼭 필요할 때 찾아와 주는 사람이 몇이나 될까. 아마도 별로 없을 것이다. 옛말에 정승 집 개가 죽으면 문상객이 줄을 서고 정승이 죽으면 아무도 오지 않는다는 말이 있지 않던가. 흉금을 털어놓을 수 있는 사람, 이해관계를 떠나 마음을 주고받을 수 있는 진정한 친구가 많을수록 그 삶은 외롭지 않고 마음의 풍요를 간직하게 될 것이다.

여기서 잠시 사상가이자 민권운동가였던 함석헌 선생의 시를 음미해 보자.

만리(萬里) 길 나서는 날
처자를 내맡기며 맘놓고 갈 만한 사람
그 사람을 그대는 가졌는가

온 세상이 다 너를 버려
마음이 외로울 때에도
"너 뿐이야" 하고 믿어 주는 그 사람을 그대는 가졌는가

탔던 배가 가라앉을 때

구명조끼를 서로 사양하며

"너만은 제발 살아다오" 할

그 사람을 그대는 가졌는가

잊지 못할 이 세상을 놓고 떠나려 할 때

빙그레 웃고 눈을 감을

그 사람을 그대는 가졌는가.

취미와 낭만을 가꾸자

노년은 취미를 확장하는 마지막 연대다. 나이가 더 들면 의욕과 생체리듬도 떨어지고 활동하기도 쉽지 않다. 필자는 젊어서는 틈나는 대로 독서와 음악(클래식, 국악) 감상에 심취했었고, 친구들과 어울려 더러 당구장, 볼링장도 가 보긴 했지만 실력은 보통 이하였다.

40대 들어서는 사업상 필요하여 골프를 하게 되었지만 지금은 거의 접은 상태다. 바둑은 돌을 잡은 적이 없어서 먹통이고, 낚시는 눈먼 고기가 아니면 잡히지 않는다. 앞으로 시간이 나면 악기를 한 가지 배워 볼 생각인데, 60대에 접어들면서 아코디언을 샀었다.

차일피일 미루다가 창고에 넣어 둔 채 10년도 더 지났으니 지금은 녹이 슬어 버려야 할 것 같다. 나의 게으름 탓이다.

알다시피 취미는 삶의 윤활유다. 일과 취미를 잘 조화시키면 더 없이 좋은 생활의 청량제가 될 것이다. 문제는 취미라는 명분으로 시작해 놓고 마약처럼 빠져들면 안 된다. 어떤 이의 경우는 이렇다. 평소에도 바둑에 취미가 있었지만 은퇴하면서는 아예 바둑이 일이고 생활이 되어 버렸다. 낮이고 밤이고 기원에 앉아 거기서 짜장면을 먹으며 바둑을 둔다. 집에 급한 일이라도 생기면 누가 데리러 가야만 온다. 그 흔한 휴대폰도 갖고 다니지 않기 때문이다. 그러다보니 건강도 나빠지고 가족 간의 불화도 깊어졌다. 이쯤 되면 취미가 아니라 중증 중독환자가 아닌가.

취미활동에서 버려야 할 점은 무엇일까. 혹시 노는 문화에만 익숙하다면 다 버려야 한다. 사행성 게임(경마, 카지노, 화투, 경륜, 마작 등)이라든지, 건전한 게임도 너무 몰입하는 건 좋지 않다.

또 운동 삼아 매일 출퇴근한다는 어느 선배의 카바레 출입도 내가 보기엔 바람직하지 않다(과연 운동이 되는지는 알 수 없지만). 낚시와 마작도 마찬가지다. 마치 생업처럼 몰두하는 건 이미 취미가 아니다.

하고 싶은 일은 지금 당장 시작하자. 노후의 꿈은 자칫 그림의 떡이 될 수 있다. 지금까지 당신은 가족과 일을 위해서 하고 싶은

것도 참고 지내왔다. 정년을 앞두면 대개 나름대로 꿈을 갖는다. 노후에는 아내와 세계일주 여행을 하겠다든지, 정년 후에는 매일 골프를 치겠다든지, 고향에 가서 낚시로 소일하겠다든지, 호주나 뉴질랜드에 가서 노후를 지내겠다는 등의 꿈을 가지지만, 그대로 실행한 사람은 거의 없다. 살다보면 전혀 뜻밖의 일이 생기고 피치 못할 상황이 벌어지기 때문이다. 그러니까 이제라도 하고 싶은 일을 시작해야 한다. 안 그러면 마음속에 그려오던 노후의 꿈은 영원히 그림의 떡이 될 것이다.

노년이 되면 취미에도 낭만이 있어야 삶이 풍요롭다. 가 보고 싶은 곳, 만나고 싶은 사람, 한 번 해 보고 싶었던 건 해야 한다. 취미와 낭만을 가꾸는 데도 시간과 돈이 들지만 '돈 그 자체'가 취미와 낭만의 대상이 되어선 안 된다. 예를 들어 경마나 내기바둑, 화투, 포커 등은 그 자체가 돈이 대상이고 목적이다. 카메라를 메고 계절 따라 나서는 여행, 음악을 들으며 산책하는 것, 그림 그리기 취미를 살려 고향집을 그려보는 것, 친구들과 등산이나 운동을 하고 난 후 시원한 막걸리 한잔에 정담을 나누는 것, 학창시절의 글짓기 실력을 가다듬어 글쓰기 공부를 시작해 보면 어떨까. 이런 것들이 건전한 취미요 낭만이 아니겠는가.

실현하고 싶은 '자아(自我)'는 무엇인가

여러 통계에도 나와 있지만 50~60대가 가장 간절히 원하는 것은 건강, 경제력, 봉사, 이 세 가지다. 말하자면 남은 인생에 이 세 가지를 삼륜차에 싣고 멋지게 달려 보려는 소망이다. 독일의 심리학자 매슬로우(Maslow)의 '인간욕구 5단계' 이론을 보자.

당신은 이미 첫 단계인 생리적(생존, 종족보존) 욕구, 둘째 단계인 안전의 욕구, 셋째 단계인 참여 욕구, 넷째 단계인 발전의 단계를 모두 이루었다. 남은 단계는 '자아의 실현'뿐이다. 만일 당신에게 경제적 여유가 있다면 이루고 싶은 인생의 꿈을 좀 더 쉽게 이루어 낼 수 있을 것이다. 하지만 자녀교육과 결혼 준비라는 과제가 남아 있고, 가족을 부양해야 하는 입장이라면 자신이 이루고 싶은 '자아'만을 위해 책임을 피할 수는 없을 것이다.

하지만 당신에게 제2의 인생은 철저하게 자기만족을 추구하는 삶이어야 바람직하다. 돌아보면 지난날은 아득할 뿐이다. 첩첩이 쌓인 높고 낮은 산, 깊은 강, 칼바람 부는 눈 덮인 저 언덕을 어떻게 헤치고 살아왔을까. 끈질긴 생명력이 스스로 대견할 것이다. 지금까지는 모범생으로 잘 살아왔으니 이제는 더 이상 남의 눈치 보지 말고 소신에 따라 사는 게 행복하다. '괴테'의 말을 빌리자.

"우리 삶은 두 가지뿐이다. 하고 싶은데 할 수 없는 일과 할 수 있는데 하지 않는 일이다."

지금 어느 쪽에 서 있는가. 어려서부터 가슴속에 담아 두었던 꿈이 있다면 바로 지금 꺼내서 실천할 때다. 남은 인생을 빨갛게 불태우듯 말이다. 셸리가 말했다. "세상은 꿈꾸는 자의 것"이라고.

봉사하는 가치 있는 삶

전문직 은퇴자의 93.2%가 '사회에 봉사하고 싶어 한다'는 결과가 나왔다. 오늘의 50~60대는 과거의 노인세대보다 학력도 높고 건강도 좋아서 봉사하는 기회가 주이지면 도움이 필요한 사람들에게 단비를 뿌려 줄 수 있다. 봉사 형태는 재능기부(60.4%), 목욕 봉사 등 소외계층 돌보기(22.5%), 물질적 기부봉사(14.5%)가 있다. 그러나 아직 사회적 기반 조성이 미흡하여 봉사 대상과 방법을 쉽게 찾을 수 없다는 게 문제로 지적되었다.

전문가의 경우는 기업의 고문직으로 취업하거나 사무실을 개설하여 컨설팅업에 종사하는 것 외에 '전국경제인연합회 중소기업 협력센터' 봉사 프로그램을 통해 봉사할 수 있다. 자신의 분야별 전문성과 경륜, 노하우를 중소기업에 전수하는 것인데 소정의 실비를 받는다. 분야는 경영전략, 기술, 생산, 품질, 마케팅, 인사,

노무, 자금, 재무관리, 창업, 전산화 등 다양하다.

필자의 경우는 국제로타리클럽 회원으로 활동하면서 장애자의 집, 무의탁노인 쉼터, 독거노인 방문, 소년소녀가장 돌보기 등에 참여했다. 그 외 여러 방법으로 봉사활동에 참가하고 있으나 아직 많이 부족하다. 고령화 시대가 다가오면서 시니어들이 소외된 계층을 보살펴 주는 봉사의 길이 확대되기를 고대해 본다.

또한 최근에 교회 성도들에게 봉사하기 위해 멘토단을 결성하였다. 각 분야의 전문가들로 구성된 멘토단에서는 삶의 현장에서 겪게 되는 여러 문제들에 대해 상담, 자문, 컨설팅에 이르기까지 무료로 봉사하고 있다. 아울러 고통받는 이에게는 따뜻한 위로와 격려도 아끼지 않고 있다.

건전한 신앙생활이 정신적 삶을 풍요롭게 한다

'쇼펜하우어'는 "인생은 휴전 없이 끝없는 고통과 치르는 전투 과정"이라고 했다. 당신도 혹시 고통과 싸우며 길을 잃었는가. 그렇다면 신앙의 문을 두드려 보라. 대개 젊었을 때는 의욕과 자신감으로 신앙에의 접근이 잘 안 된다. 또 생활에 부족한 게 없을 때는 신앙에 대한 필요성을 느끼지 못한다. 하지만 좌절과 고통,

불가항력적인 환난을 당하면 자신도 모르게 '절대자'를 찾게 되고 스스로의 나약함을 절감하면서 신앙의 문을 두드리게 된다.

고대 로마 철학자 세네카의 고백을 들어보자.

"신(神)은 자신이 인정하고 사랑하는 자에게 역경을 주어 단련시키고 시험하면서 훈련시킨다. 불운을 당해 보지 않은 사람만큼 불행한 사람은 없다. 불은 금을 단련하고 불행은 용감한 자를 단련시킨다."

역설적이긴 하지만 강한 설득력을 가진다. 성서에도 "환난은 인내를, 인내는 단련을, 단련은 정금(精金)같이 되게 하리라"고 가르친다. 또한 자신이 겪고 있는 고통을 극복하고 새 소망을 가꾸는 과정을 이렇게 하라고 기록해 놓았다.

"소망 중에 즐거워하며 한난 중에 참으며…."

필자도 젊어서는 '워커홀릭'이라 할 정도로 일만 했다. 일중독에 빠져 살다가 56세 때인 1997년, IMF를 맞아 일생일대의 고난을 겪었다. 그 사태가 아무리 국가적인 실수이자 불가항력적인 상황이라 할지라도 한 기업의 최고경영자 입장에서 보면 결국은 경영자의 실수였고 분명한 실패라고 생각한다. 책임져야 할 일이 너무도 많았기 때문이다.

그런 사태를 겪으면서 잃은 것도 많지만 얻은 것도·있다. 잃은 것은 재물과 신용이고, 얻은 것은 신앙생활을 시작하면서 겸허해

지려고 노력하는 자세, 미미한 단계의 인간적 성숙, 신앙에의 접근 등이다.

사업에 실패하여 극심한 좌절에 빠졌을 때, 매일 소주병을 사들고 호젓한 산속에 홀로 앉아 온종일 고민에 싸여 있었다. 가진 것과 빚을 아무리 계산해 봐도 빚이 몇 배나 더 많았다. 평생을 갚아도 부족할 것 같았다. 인간은 막다른 궁지에 몰리면 이성을 잃고 엉뚱한 생각을 하게 되나 보다. 빚은 채권자들이 집과 회사의 남은 재산을 경매하여 청산(부족한 대로)할 것이니 그렇다 하더라도 가족의 생계 문제가 남는다. 아무리 궁리해 봐도 헤쳐 나갈 방법이 까마득했다.

그러던 어느 날 기발한(?) 생각이 떠올랐다. 가족들의 생계비와 아이들 대학까지의 학비를 계산하여 생명보험에 가입하기로 했다. 그리고 가입일로부터 2주일 후 경부고속도로에 차를 몰고 나갈 것이다. 시속 120km로 달리다가 반대편에서 달려오는 대형 트럭과 정면충돌한다. 그리 되면 남은 가족들에게 보험회사가 보험금을 지급할 것이다. 가족들은 슬퍼하면서 내 명복을 빌게 되겠지. 그래도 최소한의 생계비와 학비는 해결될 테니 얼마나 다행인가 하고 안도의 숨을 쉬었다. 참으로 바보 같은 생각이었지만 당시엔 그럴듯한 아이디어였다. 하늘이 무너져도 솟아날 구멍은 있다고 안도의 숨까지 쉬었으니 정신상태가 정상이 아니었던 것이다.

보험 가입을 실행하려고 벼르던 어느 날 새벽 4시, 밤잠을 설치던 내 귀에 새벽 종소리가 들려왔다. 나도 모르게 이끌리어 종소리가 나는 방향으로 교회를 찾아갔다. 마침 새벽기도회였다. 성서를 주제로 한 목사님의 설교는 마치 나를 두고 하는 것 같았다.

"공중에 나는 새를 보라. 심지도 않고 거두지도 않고 창고에 모아들이지도 않지만 너희 하나님께서 기르시나니 너희는 이것들보다 더 귀하지 아니하냐."

"무엇을 먹을까, 무엇을 입을까, 아무 염려 마라."

"천하를 주면 네 목숨과 바꾸겠느냐."

순간, 나는 정신이 번쩍 들었다. 그동안 자신이 얼마나 허황된 생각에 빠졌었는지 참회의 눈물이 흘렀다. 그때부터 교회에 다니며 정신을 차렸다. 그리고 절대자의 위로와 격려를 통해 새로운 소망을 얻고 굳세게, 바르게 살기로 결심했다.

종교를 갖되 사람을 현혹시키는 미신은 안 된다. 반드시 건전한 종교라야 한다. 얼마 전 아프리카 짐바브웨의 어느 목사가 대중설교를 하는 도중에 핸드폰을 들고 "하나님과 통화하는 중"이라며 열변을 토하는 장면이 있었다. 그 말을 들은 대중은 열광하는 모습이었지만, 아무리 생각해도 납득이 가지 않는다. 그 장면을 보도한 기자도 쓴소리를 했다. "그 목사에게 하나님 전화번호를 물었으나 답은 없었다"고.

한국에서도 목사 자신이 그리스도인 것처럼 신도들을 현혹한다는 말이 떠돌았다. 벽 뒤에 형광등을 켜놓고 "하늘에서 빛이 내린다"고도 한다니, 이런 사례는 신성해야 할 종교를 욕보이는 것이며 순수한 성도를 속이는 행위다. 아인슈타인도 "종교 없는 과학은 독약이요, 과학 없는 종교는 맹신"이라고 했다. 신앙의 선택에서 매우 신중해야 하는 이유가 바로 이런 것이다.

성서에 "인간은 빵만으로는 살 수 없다"고 기록되어 있다. 정신세계는 외면한 채 오직 먹기 위해 산다면 삭막할 뿐만 아니라 하등동물과 다를 게 없다는 뜻이다. 신앙은 인간에게 생명에 대한 외경심과 깊은 철학을 갖게 하고 사유의 폭도 넓혀 준다. 또 물질의 결핍을 채워 주는 정신적 풍요도 갖게 한다.

내 가족 중에도 하루 업무를 시작하면서 먼저 성서를 읽고 범인 수사에 임하는 자녀가 있어 매우 다행스럽게 생각하고 있다. 무거운 죄를 지은 사람은 인신을 구속하여 수사하게 되므로 구속 여부를 판단하는 과정에서 추호라도 잘못이 없도록 신중을 기한다는 자세다. "인간이 인간을 심판할 수는 없고 오직 하나님만이 심판할 수 있다"는 격언을 되새기면서 말이다.

신앙은 우리에게 위로와 격려를 전한다. 그리고 새 소망을 갖게 한다. "두드리라 열릴 것이요, 구하라 얻을 것이요, 찾으라 찾을 것이다"라는 성서 기록은 삶의 생산적인 의욕을 북돋아 주며 적극적 자세를 갖게 하고, 긍정적 자세와 신념도 갖게 한다. 나아가

자기성찰을 통한 거듭남의 기회를 갖게 한다. 또 "무거운 짐 진 자들아, 다 내게로 오라. 내가 너희를 쉬게 하리라"고 기록되어 있다. 철학자, 예술가, 문학가들은 '인생은 나그네 길'이라고 한다. 또 '산다는 것은 본향(本鄕)을 찾아가는 과정'이라고 한다. 그러니까 우리는 영혼의 닻을 내릴 안식처를 찾아야만 한다.

그런데 진정으로 신앙을 갖기 위한 신앙의 문은 반드시 자신이 안에서 열어야 된다. 남이 밖에서 열려고 해도 강제로는 열리지 않는다. 렘브란트의 성화 중에 '안에서 열리는 문'이란 감동적인 작품이 있다. 문고리가 없는 문 앞에는 예수 그리스도가 서 있다. 안에서 문이 열리기를 기다리는 모습이다.

뿐만 아니라 신앙생활을 하게 되면 노년에 겪게 되는 외로움에서도 벗어나게 된다. 믿음 생활에서 얻게 되는 정신적 위로와 격려는 물론이고, 교회라는 공동체에서 '성도와의 교제'를 통해 따뜻한 우애를 나누게 된다. 신앙의 형제로 가족처럼 보듬어 주기 때문이다.

종교는 '감사(感謝)'를 가르친다. 스트레스의 대가인 한스 셀리 박사는 스트레스 연구로 노벨의학상을 받았는데, 스트레스 홍수 시대에 사는 현대인에게 명약을 알려 주었다. 즉 '감사하라 (Appreciation)'는 것이었다. 감사가 정화제, 치유제가 된다는 것이다. 종교인이 장수하는 이유도 바로 감사하며 살기 때문인데, 감사할 적마다 뇌에서 세로토닌이 분비된다는 의학적 사실이 증명

되었다.

　나아가 신앙은 '신념과 확신'도 갖게 한다. 이런 일화가 있다. 소설 〈빙점〉으로 유명한 일본 작가 미우라 아야코(三浦綾子) 씨가 오랜 병석에 누워 있을 때 문병 온 목사가 "반드시 건강이 회복될 겁니다. 꼭 믿으세요!"라는 말을 남기고 갔는데, 아야코 씨는 그 말을 굳게 믿고 투병하여 건강을 회복했다는 것이다.

제2부

7080세대
행복한 노년설계

10년만 젊었더라면 못할 일이 없을 것이다.
10년만 젊었더라면 인생을 다시 살아보고 싶다.
10년 전으로 되돌아갈 수 있다면 지금처럼 살지는 않을 것이다.
하지만 지금도 늦지 않았다. 지나간 10년은 돌아갈 수 없는 길이니 접어두고
앞으로의 10년을 설계하자. 10년 후에 '잘 살았노라'고 미소 지을 수 있도록.

● 제1장
노년세대의 현실

100세 쇼크, 장수(長壽) 리스크 시대

먼저 노년에 대한 기발한 표현이 있어 소개한다.

老人은 사람 취급을 받지 못해서 'NO人'일까? 아니다. 그들은 긴 세월 동안 노력한 '勞人'이며, 묵묵히 자신의 길을 걸어온 '路人'이자 오랜 경험을 가진 'Know人'이다. 때문에 노인 한 명이 사라지는 것은 지식 창고 하나가 없어지는 것과 같다.

이와 같이 노년에 대한 평가와 인식도 여러 가지다. 나이 들었으니 별 볼 일 없는 뒷방 노인으로 취급하는 인식, 오랜 세월 애써 일해 온 산업역군으로 보는 시각, 자신의 목표를 향해 묵묵히 걸으며 일가(一家)를 이룬 어른, 오랜 경륜과 경험을 쌓아 온 어느 분야의 전문가 등이다.

100세 시대를 맞으면서 수많은 고민이 생겨나고 있다. 장수가 대책 없는 노인들을 벼랑 끝으로 내몰고 있다는 점이다. 우리나라 노인 빈곤율은 OECD 국가 중 1위다. 조사 결과 10명 중 4명은 100세 인생을 축복이라 여기지 않는다. 생활고와 질병, 외로움이 큰 고민이고 고독사의 두려움을 가진 노인이 무려 50%에 이른다. 생활비를 벌어 보려고 여인숙 관리인으로 일하기도 하고 파지를 수집하거나 노숙자 생활을 하는 경우도 많다. 준비되지 않은 장수는 바로 '재앙'이 되는 상황이다.

노년 파산이 문제다

은퇴 후 소득이 없거나, 저축한 돈이 있더라도 자녀교육, 가족부양, 치료비 등으로 곶감 빼먹듯 하면 바닥이 나는 건 시간문제다. 이런 상황은 한국이나 일본이나 마찬가지다. 파산지경에 이른 노년들에게 연금이 생활을 보장해 주는 것도 아니고 (아예 연금이 없는 경우도 많다.) 다른 대책이 없으니 노후에 빈털터리가 되는 것이다. 남에게 빚을 지고 살 수도 없다. 산다는 것이 괴롭고 행복하지 않으면 오래 사는 게 무슨 의미가 있을까. 이런 현상은 재앙이자 악몽이다.

2017년 5월 통계청이 발표한 고령층에 대한 조사 결과 내용을 보면 노년층의 문제가 매우 절박하다는 것을 알 수 있다.

- 55~79세 인구는 1,291만6천 명, 1년 만에 51만9천 명이 증가하였다.
- 직업이 있는 고령층은 54.8%, 나머지는 직업이 없는 상태다.
- 고령층 가운데 연금을 한 푼도 못 받는 비율이 54.7%
- 연금을 받더라도 한 달 평균 수령액은 52만 원에 불과하다.
- 고령층 10명 중 6명(62.4%)이 일하고 싶어 한다.
- 일하려는 목적은 생계비 마련 58.3%, 일하는 즐거움 34.4%, 무료해서 3.3%, 사회가 필요로 해서 2.3%
- 일하고 싶은 나이에 대해 55~59세는 69세, 75~79세는 81세까지(참고로 일본은 85세까지 일하길 원한다.)

고독사(孤獨死)가 문제다

나홀로 가구가 늘면서 쓸쓸한 죽음을 맞는 고독사가 늘고 있다. 지난해 무연고 사망자가 1,232명으로 2011년 대비 77.8%가 늘어났다고 보건복지부가 발표했다. 무연고 사망자는 유가족이 없거나 유가족이 시신 인수를 거부해 지방자치단체에 사후처리를 맡기는 사망자를 말한다. 60대가 24.6%, 70대가 23.6%로 60대 이상이 절반 정도다. 복지부가 노인이나 장애인 1인가구를 방문해서 안부를 묻는다고 하지만, 저소득층 1인가구에 대한 실태조사가 없다는 말도 들린다.

우리는 살아가면서 수많은 도전에 직면한다. 자연재해는 물론

삶의 과정에서 닥쳐오는 수많은 난관, 실패와 좌절을 겪으면서 비바람 휘몰아치는 삶의 광야에 홀로 서기도 한다. 인류학자 아놀드 토인비가 말한 대로 '도전과 응전'의 연속을 경험하며 살아간다. 그러므로 내게 불어 닥친 도전에 어떻게 응전할 것인가에 대한 답을 스스로 현명하게 찾아내야만 한다. 이것이 피할 수 없는 우리 모두의 심각한 과제다.

7080세대의 인생 역정

7080세대는 가난한 나라에 태어나 온갖 고생을 많이 한 세대다. 근면과 성실한 자세로 열악한 환경과 배고픔을 참아가며 가발공장, 신발공장, 의류공장에서 밤새워 만든 제품을 수출하여 이제는 세계 10대 경제력과 무역규모를 자랑하게 되었다. 산업화와 민주화라는 두 축을 동시에 건설하고 이끌어 온 위대한 세대이기도 하다.

서독에 광부로 파견되어 지하 수백 미터 땅속에서, 간호사로 파견되어 시체를 닦아가며, 월남에 파병되어 생명을 담보로, 열사의 나라 중동 건설현장의 노동자로, 이렇게 피와 땀과 눈물에 젖은 돈으로 가족 생계를 책임지며 나라 경제 살리기의 종잣돈을 만든 세대다. 이분들의 희생으로 1인당 국민소득 60달러이던 것을

2만9,730달러로 세계 29위에 올려놓았다. 내년에는 3만 달러를 바라보고 있다.

이들이야말로 영화 '국제시장'에 주인공으로 나오는 '덕수' 다. 이분들이 이루어 놓은 성과로 IT를 비롯하여 중공업, 소재분야 등 세계 최고를 자랑하는 산업도 부지기수다. 모두 이 세대가 땀 흘려 개발하고 생산하여 세상의 빛을 보게 된 결과들이다. 참으로 자랑스러운 세대로서 경의를 표하지 않을 수 없다.

이제 그분들이 노후를 맞아 현역에서 은퇴하여 쉬고 있다. 여유를 갖고 쉬며 즐기는 분이 있는가 하면, 그늘진 삶을 사는 분들이 더 많다는 현실이 안타깝다.

축하받는 노년

노년을 긍정적인 측면에서 보는 시각이다. 오늘의 노년은 '액티브 시니어(Active Senior)' 로서 뒷방 노인이 아닌, 멋진 노인으로 이 사회의 객체가 아닌 주체라는 것이다. 그래서 "시니어가 된 것을 축하드린다"는 인사도 받는다.

그렇게 강조되는 몇 가지 이유를 보자.

첫째, 이제는 누리고 즐기는 삶을 이어간다. 광고 문구에 "지금까지 수고한 당신 떠나라(여행)" 했고, "편히 놀고 즐길 자격과 권리가 넘친다"고도 했다.

둘째, 경제의 객체가 아닌 주체로서 소비시장에서는 구매력이 강한 주요 계층이다.

셋째, 7080세대로서 새로운 '시니어 트렌드'를 형성하며 문화를 즐기고 세상을 변화시킨다.

은퇴 후 여가생활을 즐기며 여행을 떠나고 자신을 위해 소비를 늘리는 '시니어 포미(For me)'가 늘어나고 있다. 60~70대에서 자산이 많은 경우에는 지출을 늘리며 구매력을 과시하기에 유통업계의 핵심 소비층으로 각광받고 있다. 매월 1,100여만 원을 지출한다는 통계가 있다. 자녀가 아닌 자신을 위해 과감히 지갑을 여는 '포미족'은 문화, 사회활동 폭을 넓히며 느긋한 여생을 즐기고 있는 것이다. (자료 조선일보 2018. 2. 2.)

이렇게 누리고 즐길 수 있는 노년의 경우는 일찍부터 노년을 대비하여 경제적인 면이나 노후 삶에 대한 여러 여건을 성공적으로 조성해 둔 경우다. 느긋한 마음으로 근심걱정 다 내려놓고 평안한 노후를 즐기게 되면 얼마나 행복할까. 그리 되면 성공한 인생이다. 하지만 그 비율이 과연 얼마나 될까. 극소수에 불과하다.

그늘진 노년

괴테가 말한 대로 노년의 삶은 상실의 삶이다. 건강, 돈, 친구, 일, 꿈을 잃게 된다. 그래서 노인은 외롭고 슬프다. "늙으면 서러워지고, 작은 일에 노여움을 타고, 하찮은 일에도 야속하다"는 것이 노인들의 독백이다. 속절없이 흘러가는 야속한 세월에 애절한 마음을 표현한 이런 독백도 있다. 〈에코의 초상〉이란 시의 한 구절이다.

"나의 동무여, 눈을 뜨게나. 시력이 남아 있을 때 나는 보고 싶다네."

갇혀 있다시피 지내던 요양원에서 '창문 넘어 도망친 100세 노인'은 이렇게 큰 소리로 말했단다.(정끝별 시인의 시 읽기에서)

"소중한 순간이 오면 따지지 말고 누리게. 우리에게 내일이 오리란 보장은 없으니까."

게다가 노년을 바라보는 사회분위기가 심각한 수준이다. 노인을 바라보는 시선이 곱지 않은 게 아니라 실은 싸늘하다는 것이다. 세대 간의 정치, 경제, 사회적 이해관계가 충돌하기 때문이다. 청년 56%가 자신들의 일자리를 뺏겼다 하고, 77%는 '복지가 늘면 자신들만 부담'이라는 생각을 하고 있다. 그렇다 보니 전통적으로 이어오던 경로(敬老)는 옛말이 되고, 혐로(嫌老)라는 말까지

나온다. 노인을 비하하는 말로 '틀딱(틀니를 딱딱거리는 노인)'이라는 표현도 있다.

　노년은 분장(扮裝)이 필요 없는 나이다. 100년을 산다는 것은 어떤 것일까. 65세 이상이 전체 인구의 20%를 차지한다. 100세 넘은 노인도 1만7,500여 명에 이른다. 그리고 1인가구가 전체 가구의 30%에 가깝다. 세 집 중 한 집은 '나홀로족'인 셈이다. 그런데 1인가구 중 가장 빠르게 증가하는 게 바로 독거노인이다. 자료에 의하면 전체 1인가구 중에서 만 65세 이상 1인가구가 차지하는 비율은 24.5%에 이른다. 2045년에는 무려 45.9%로 증가할 것으로 추정되고 있다.

　젊은 층이 싱글라이프를 즐기기 위해 스스로 싱글을 택하는 경우가 많다. 하지만 경제적으로도 건강면에서도 취약한 노인세대의 1인가구 증가는 개인의 걱정을 넘어서 국가 사회적으로도 큰 문제가 아닐 수 없다.

　노년의 삶은 상실의 삶이다. 노년은 하루해로 치면 오후 5시경이다. 겨울철이나 여름철이면 해지는 시간이 빠르거나 늦어지지만, 해질녘에 가까운 것은 분명하다. 계절로 치면 찬바람 휘몰아치는 초겨울이다. 눈도 어둠침침해지고 귀도 어둡고 다리도 힘이 없어 휘청거린다. 다산(茶山) 선생이 "늙어서 눈이 어두운 것은 보기 싫은 것 보지 말고, 귀가 어두운 것은 듣기 싫은 것 듣지 말며, 다리에 힘이 빠진 것은 넘어지지 말라는 뜻"이라고 했다. 이 말은 노년에 겪게 되는 현상들을 긍정적으로 받아들이라는 위로의 의미로 들리지만, 늙어서 기쁘다는 말은 아직 들어보지 못했다.

조선시대 예조·이조·공조판서를 지낸 홍우원(1605~1687) 대감의 〈노마설(老馬說)-늙은 말과의 대화〉을 보자. 관직에서 물러나 쓸쓸한 노년을 맞은 홍 대감이 마루에 앉아, 마구간에서 자신을 바라보는 말(馬)과 마음속으로 나눈 소회를 적은 글이다. 홍대감이 먼저 말에게 말했다.

"내 이미 늙어서 기력도 쇠잔하고 생활도 궁핍하니 너를 더 이상 거둘 힘이 없구나. 그러니 이제는 그만 헤어져야겠다. 이 집을 나가 네 형편대로 살도록 해라."

이에 말(馬)이 답하기를,

"주인님, 지금까지 제 평생을 대감께 충성하며 살았습니다. 젊어서는 밤낮을 가리지 않고 천리 길을 달렸으며 무거운 짐은 마다 않고 발굽이 시리도록 모두 실어 날랐습니다. 그런데 이제 와서 늙고 병든 저를 내치시다니 매우 서운합니다."

눈물을 흘리며 슬퍼하는 말을 바라보던 홍 대감은 말(馬)이 했음 직한 이런 말을 생각해 보며 뒤늦게 깨닫고서, "아, 그렇구나. 네 말이 옳다. 내 생각이 짧았구나. 미안하다" 하고 뉘우치며 종에게 "저 말을 잘 먹이고 함부로 다루는 일이 없도록 하라"고 당부했다는 것이다.

누구나 늙고 생활이 궁핍하면 하나라도 짐을 벗으려 애쓴다. 대부분 남의 처지는 생각지 않고 자신만을 생각한다. 남의 처지를 배려할 줄 아는 홍 대감의 마음이 가상하지 않은가.

이런 글들을 읽노라면 가슴이 먹먹하다. 서글퍼지는 마음을 금할 길 없다. 100세 시대에 살다보니 보고 듣고 느끼는 것도 참으로 많다. 왕복표 없는 단 한 번의 인생을 과연 어떻게 살아내야 잘 사는 것일까. 나이 들어가면서 겪게 되는 자연현상은 인위적으로 어찌 할 수 없는 노릇이다. 다만, 최대한 지혜롭게, 건강하게, 행복하게 살아보자는 게 모두의 소망인 것이다.

과거에는 '100세'라고 하면 마치 산신령처럼 기이하게 여기곤 했다. 몇십 년 전만 해도 환갑(61세)이 되면 인생을 다 산 것으로 여기고 서울 정릉에 있는 신흥사(절)에 가서 크게 잔치를 벌였다. 자녀, 손자손녀, 가족 친지 다 모여서 북 치고 장구 치며 권주가(勸酒歌)를 불렀다.

"노세, 노세, 젊어서 노세, 늙어지면 못 노나니. 화무는 십일홍이요 달도 차면 기우나니."

그러나 이제는 충분한 섭생과 의료기술의 발달로 곧 평균수명 100세 시대가 다가오고 있으니 60부터도 무려 40년이란 세월이 기다리고 있다.

인생의 네 가지 고통

노년이 되면 겪어야 되는 여러 가지 고통이 따른다. 건강과 경제적인 면도 걱정이지만, 정신적인 면에서도 이만저만 걱정이 아니다. 이 세상에 늙지 않는 사람은 없다. 타고난 숙명이다. 다만, 개개인에 따라 노년을 어떻게 대비하느냐의 방법의 차이가 있을 뿐이다. 다가올 절실한 현실을 예견하고 미리 준비하는 사람이 있는가 하면, 남의 일처럼 수수방관하다가 대책 없이 고통에 직면하는 경우가 있다. 노년에 겪게 되는 대표적 고통 네 가지를 보자.

빈곤의 고통

무전장수(無錢長壽)의 고통이다. 가난은 모두에게 고통이지만 노년의 고통은 더더욱 고통스럽다. 갈 곳 없는 노인들이 공원에 앉아 있다가 무료급식으로 끼니를 때우는 모습은 이미 익숙한 풍경이다. 노년에 가진 게 없다는 건 슬프고 괴로운 것이다. 물론 일차적인 책임은 본인에게 있지만, 이는 개인만의 일이 아니라 방치할 수 없는 사회문제이기도 하다.

노후 파산도 많다. 집을 담보로 빚을 내어 뭔가 해 보려다가 실패하는 경우, 실직하는 경우, 갖고 있던 퇴직금 등을 가족 부양과 병치레에 모두 써버린 경우, 빚보증을 섰다가 연대책임으로 재산을 날리는 경우 등이다. 노인 중에 월세 쪽방에 홀로 사는 경우가 허다하다. 이런 상황은 일본에서도 심각하다. 근검절약하여 모은 돈을 가족 부양과 병치레에 모두 소비하고 오갈 데가 없어서 공원에서 숙식하며 굶기도 하고 노숙자 합숙소에서 지내기도 한다.

다만 얼마라도 벌어 보려고 폐지를 줍는 노인도 많다. 70세 넘어서 택배도우미로 일하는 경우도 있다. 아파트단지에 화물차로 배달되어 온 물품들을 수취인에게 전달하는 것이다. 일하는 시간은 하루 6시간, 물품 개당 단가는 800원, 월수입은 45만 원, 점심은 빵으로 때운다. 이런 사실을 자식들은 모른다. 쪽방에서 홀로 지내며 그런 일 한다는 사실을 숨기기 때문이다. 이유는 자식에게 걱정을 끼치지 않으려는 것이다.

한국의 노인 빈곤율은 OECD 국가 평균의 4배나 된다. 노년을 대비하기 위한 개인 차원의 방법은 오로지 철저한 계획과 준비뿐이다. 젊어서부터 꾸준히 준비하지 않으면 안 되는 삶의 최대 과제다.

질병의 고통

유병장수(有病長壽)의 고통이다. 늙는다는 것은 그만큼 닳았다는 뜻이다. 자동차 또는 어떤 기계를 거의 80~90년, 100년 동안 굴렸다고 가정해 보자. 사용하다가 도중에 폐기처분을 해도 여러 번 했을 것이다. 하물며 온갖 질병과 세균에 노출된 채 우리 몸을 오랜 세월 사용했으니 부품 고장이 나는 건 당연하다.

흔히 볼 수 있는 노인병을 살펴보자. 고혈압, 당뇨, 퇴행성관절염, 류머티스, 심장질환, 요통, 전립선, 골다공증, 백내장 등 눈(眠) 관련 질병, 위장질환 등이다. 그 외에 각종 암, 중풍, 뇌질환 등도 줄지어 대기중이다.

노년에게 가장 무서운 것은 정신적 질환이다. 바로 우울증세다. 노인들의 정신적 습관은 인지적 오류(41.7%), 반추(39.4%), 무망(희망이 없음, 28.5%), 걱정(41.1%), 자신에 대한 부정적 사고(30.5%), 자기도피(27.2%) 등 여섯 가지다. 이런 부정적 사고는 질병, 죽음, 빈곤, 차별, 배제, 약화 등의 부정적 단어를 떠올리게 된다. 이런 현상이 오래가면 정신건강이 더 악화될 가능성이 매우 크므로 생물학적 노화만큼이나 관심을 가져야 한다. 따라서 긍정적 사고 습관을 갖는 노력이 절실하다.

지구상에 있는 질병 수는 무려 12,420가지나 된다고 한다. 이렇듯 수많은 질병들이 우리 몸을 호시탐탐 노리고 있다. 늙는 것도 서러운데 질병까지 겹치면 몸과 마음의 고통이 더 무거워진다.

"건강은 건강할 때 지키라"는 격언이 있다. 평소의 관리가 필수라는 교훈이다. 전문가들은 나이 들어서 할 수 있는 가장 효과적인 운동으로 '걷기'를 추천한다. 편한 신발 한 컬레면 만사 해결이란 얘기다.

인간이 타고난 여러 고통은 불가항력적인 것도 있지만, 어떻게 준비하고 관리하느냐에 따라 그 고통의 정도를 최소화할 수는 있을 것이라 본다. 전문가들은 질병에 걸렸을 경우 피하지 말고 정면으로 맞서서 극복한다는 의지와 노력으로 대처하라고 조언한다. 말하자면 적극적인 투병을 하라는 것이다.

인간은 어느 누구를 막론하고 마지막에는 '혼자' 다. 이를 극복하기 위해서는 지혜와 용기도 필요하겠다.

고독의 고통

독거장수(獨居長壽)의 고통이다. 젊어서는 친구, 친지들을 만나 삶을 나누는 기회가 많다. 주머니에 돈도 있으니 즐길 수도 있다. 하지만 나이 들어 수입도 끊어지고 친구들이 하나둘 먼저 세상을 하직하면 만남 자체가 뜸해진다. 각종 동창회, 골프모임, 친목회 등에 어느 날부터 나오지 않는 회원이 있다. 얼마 전까지만 해도 건강한 모습이었는데 갑자기 세상을 떠난 것이다. 게다가 기력이 떨어져 나들이도 쉽지 않다. 자식들은 독립해서 나가 살고, 어느 날 배우자마저 세상을 떠나면 결국 홀로 남는다. 이때 생기는 고독감은 마음의 병을 유발한다. 몹시 슬프고 외로워진다. 그러기에 혼자 지내는 연습이 필요하다.

가장 강한 사람은 혼자서도 잘 지내는 사람이란 말이 있다. 고독은 전적으로 혼자의 힘과 노력으로 극복해 내야만 한다. 철학자가 말했듯이 '고독은 죽음에 이르는 병'이라 했다. 아무도 도와주지 못하는 자신만의 문제다. 스스로 답을 찾아야만 한다.

노인들의 고독사도 큰 문제다. 힘들고 외롭게 살아오다가 홀로 고독한 임종을 맞는 노인들은 대개 한두 평짜리 쪽방에서 죽음을 맞이한다. 가족과의 단절, 가난한 삶, 은둔형으로 쪽방에서 살아오다 보니 정신적으로도 피폐해진 상황이다. 그리고 이웃과의 소통도 원활하지 못하다. 자주 유언장을 쓰기도 한다. 마지막 소원은 뭘까? 죽은 다음에 장례비로 쓸 500만 원이 있으면 좋겠다는 소망이다.

우리는 이웃집 할머니의 별세 소식을 까맣게 모르다가 엘리베이터에서 만난 부인의 머리에 꽂힌 흰 리본을 보고서야 뒤늦은 인사를 전하게 되는 현실에 살고 있다.

현재 베이비부머 세대가 '마지막 부모 부양 세대'라는 말이 있다. 말하자면 이 세대가 부모는 부양하지만 장래에 자식으로부터 부양을 받기는 틀렸다는 얘기다. 인간은 누구나 생로병사의 숙명적인 길을 가고 있는데, 이미 배우자를 잃었거나 언젠가는 결국 홀로 남게 된다. 홀로 지내려면 다 스스로 챙겨야 할 것이 많다. 식사, 빨래, 청소, 쓰레기 버리기도 직접 해야 한다. 바로 '셀프 부양'이다. 현실이 이러하니 이웃 노인의 죽음을 알아차리는데도 열흘 또는 한 달, 그 이상이 넘기도 한다. 이런 현상은 일본도 마찬가지다. 고귀한 생명의 최후가 이래서야 될 것인가.

우리나라 젊은이들의 미혼율도 점점 높아지고 있다. 남녀 3명 중 1명이 미혼(36.45%)이다. 이런 추세로 가면 독신가구가 늘게 되고, 직장을 잃거나 경제소득이 없어지면 주변 관계가 끊어지면서 고독사로 생을 마감하게 된다. 말하자면 '고독사 예비군'의 우려가 있다는 것이다.

가령 50~60세에 퇴직하여 100세까지 산다면 무려 40~50년을 더 살아야 한다. 그래서 건강과 경제력 그리고 굳건한 마음가짐이 뒷받침되어야만 한다. 이 문제가 해결되지 않는다면 장수는 축복이 아니라 바로 고통의 연속으로 이어지는 '재앙'일 수밖에 없다.

할 일이 없는 고통

무업장수(無業長壽)의 고통이다. 은퇴 후 마땅히 할 일이 없다는 것은 하나의 고문이다. 비록 돈도 있고 건강할지라도 일이 없는 고통에서 벗어날 수는 없다. 우리는 지금까지 일하지 않고 빈둥대며 놀고먹는 사람을 경멸해 왔다. 그런데 일하기 싫어서 빈둥대는 사람은 비난받아 마땅하지만, 반대로 일하고 싶어도 일이 주어지지 않는 경우, 당사자의 고통은 이루 말할 수 없을 것이다. 노년에는 할 일이 없어진다. 그것이 우리 현실이다.

그러기에 특별한 준비가 필요하다. 나이 들어서도 혼자 할 수 있는 것, 자기 적성에 맞는 소일거리를 찾아야 한다. 취미와 연관 지으면 더 좋을 것이다. 서예, 음악감상, 미술, 컴퓨터 배우기, 이메일 주고받기, 블로그 개설, 정보검색, 운동, 여행, 사진찍기, 글쓰기 등 할 수 있는 일은 무궁무진하다. 친구끼리 바둑을 둬도 좋다.

필자가 권하고 싶은 것은 앉아서 정적으로 취미활동을 하는 것보다 움직이며 할 수 있는 것이 더 좋겠다는 의견이다. 바둑, 마작, 장기, 화투 등은 오래 앉아서 하는 것이라 건강에는 별로 도움이 되지 않는다. 움직이면서 하는 취미활동은 그만큼 건강에 좋고 활력을 갖게 된다. 가벼운 등산, 산책, 야생화 풍경사진 찍기, 게이트볼, 당구, 걷기, 배드민턴, 골프(형편이 된다면) 등 찾으면 얼마든지 있다.

일본에서 배운다

일본에 '100세회'란 모임이 있다. 과거 저명한 인사들로 구성된 모임이다. 총무는 84세 된 노인인데 전직 장관 출신이다. 총무는 모임의 이런저런 잔심부름을 도맡아 한다. 그러니까 그 모임의 회원은 모두 80대 후반을 넘어 90대 전후의 분들이다. 수명이 계속 연장되다 보면 훗날 그 모임의 총무도 100세가 될 터이고 다른 회원들은 100세를 훌쩍 넘은 분들이 될 것이다. 그리 되면 모임 이름도 '120세회'로 바뀌지 않을까? 우리나라에도 '백세회'가 있다. 동창회 또는 지역별로 지인끼리 모임을 만들고 100세까지 살면서 보람 있게 지내자는 소망에서 시작되었단다.

일본의 경우를 보자. 장수 지역으로 이름난 오키나와에 "70세는 어린이, 80세는 젊은이, 90세가 되었을 때 천국에서 부르면 100세 될 때까지 기다리라고 하라"는 장수비(長壽碑)가 서 있다. 지구상에서 가장 빨리 '100세 쇼크'를 맞이한 나라가 일본이다. 90세 넘은 고령인구가 무려 200만 명이다. 그리고 65세 넘은 인구가 3,500만 명이 넘는다. 이는 캐나다 전체인구와 맞먹는 숫자다. 그 나라는 그래도 65세 인구의 절반(770만 명)이 직장에서 일을 한다. 기업 정년은 60세지만 정년 후 임금을 적게 받고 70세까지도 재고용을 통해 일하게 한다. 우리도 그리 되기를 간절히 바라는 대목이다.

일본도 우리와 같이 노년 파산 등으로 여러 가지 문제를 안고 있다. 하지만 우리와 다른 점은 일찍이 고령 사회를 맞아 여러 제도를 준비하고 사회분위기가 '노년을 보살핀다'는 개념으로 발전하고 있다는 사실이다. 예를 들면, 노인요양시설 이용료는 이용자가 20%를 부담하고 나머지 80%는 정부가 부담한다. 협동조합체제로 운영하는 시설에서는 이익을 추구하지 않고 단지 인건비와 시설유지비만 충당한다. 온전히 봉사 차원에서 운영된다. 시설은 자기 집같이 안락한 분위기이며, 아침에 출근하듯 와서 온종일 지내다가 저녁이면 퇴근하듯 돌아갈 수 있다. 노인들은 누구나 요양원에 가기 싫어한다. 자기 집에서 살다가 세상 떠나기를 바라기 때문이다. 돌봄 비즈니스에서는 '재택 임종'을 도와주기도 한다.

일본의 트렌드

일본은 초고령 사회를 맞아 다양한 제도 도입과 실버산업이 매우 발달되어 있다. 우리가 배워야 할 점은 정부와 사회가 적극적으로 대응한다는 점이다.

- 효율적 간병을 위해 국가사회가 발벗고 나섰다.
- 각종 보험상품이 있다(고독사보험, 돌봄보험 등).
- 가사 대행, 빈집 관리, 돌봄 대행, 사후관리보험, 장례보험, 화장 대행 등의 비즈니스가 성업 중이며 이로 인한 일자리 창출, 신사 업개발로 고용증대와 경제 활성화 효과도 증대되고 있다.
- 각 시설마다 노년복지시설이 부가 설치되고 디스코텍, 가라오케, 편의점, 추억의 다방, 시니어 민박, 러브호텔, 건강마작, 시니어 결혼상담, 졸혼상담. 여행 편의 제공 등 노년을 위한 각종 서비스를 제공하고 있다.

한편, 최근 통계를 보면 우리나라 40대 남성의 경우 47.3%는 94세까지 살고, 여성의 48.9%는 96세를 넘기는 것으로 나타났다. 그래서 '50세 청년, 70세 중년, 90세 노인'이라는 말까지 나왔다. 농촌에 가면 젊은이가 없다. 20~30대는 찾아보기 어렵고 모두 노인들이다. 우리나라 65세 이상 노인인구는 725만7,288만 명이다.

전체인구(5,175만3,820명)의 14.02%로 UN이 정의하는 '고령 사회'에 들어섰다. 90세 이상은 16만1,000명이다.

고령화 사회에서 고령 사회로 도달하는 시간을 보자. 프랑스는 115년, 미국은 73년, 독일은 40년, 노인대국으로 불리는 일본이 24년 걸렸는데, 우리는 17년 만에 진입했다. 우리나라 65세 이상 고령자 비율은 일본의 절반 수준이지만 그 증가 속도가 일본을 앞서고 있는 것이다. 그런데 그 속도가 더 빨라질 것이란 예측이 나온다. 이유가 뭘까? 의학의 발달로 고령자수는 더 늘어나고 신생아수는 계속 줄어드는데, 베이비부머(1955~1963년 출생) 세대도 빠르게 노인인구에 편입될 예정이기 때문이다.

이런 상황을 보면 정부가 시급히 해야 할 과제가 너무 많다. 우선, 고령인구의 노동 참여 욕구가 커지면서 정년은 계속 연장되어야 할 상황이니 이는 곧 젊은 세대와의 갈등과 충돌이 예상되는 부분이다. 이런 문제는 프랑스도 이미 겪었고 일본도 심각한 몸살을 앓고 있다.

정부가 다가오는 고령화 시대를 남의 일로 여기고 준비를 하지 않는 것이 문제다. 건강보험, 국민연금 등은 물론이고 노인 교통, 주거, 안전 등 다양한 분야에 대한 체계적 준비가 시급하다. 그럼에도 정부가 노년층이 일하고 소득을 얻도록 만드는 데는 소홀한 채 기초연금, 건강보험 등 무상 노인복지에만 예산을 늘리겠다는 정책이니 그 점이 걱정스럽다. 대내외적인 경제 여건이 어두운 현실에서 국가가 훗날 어떤 사태를 맞이할지가 몹시 두렵다.

일본 와세다대학의 경제학자 후카가와 유키코(深川由起子) 교수가 한국의 3대 문제점 중 하나를 "은퇴세대에 대한 국가적 정책이 없다"고 지적한 것이 부끄럽기도 하고 늘 마음에 걸린다.

오래 산다는 것은 참으로 좋은 일이다. 그리고 인류의 영원한 소망이기도 하다. '진시황의 불로초' 이야기가 오늘날까지 회자되고 사람마다 오래 살려는 욕망이 끊이지 않는 이유가 바로 '장수에의 소망'에 있지 않은가.

그러나 '준비되지 않은 장수'는 국가적으로나 개인적으로 가난과 고통이라는 무거운 짐을 안겨주는 '재앙'이 될 수도 있다. 수명이 길어진 만큼의 생계 걱정, 병치레, 캥거루처럼 부모에 얹혀사는 자식 걱정까지 겹치면 외로운 인생, 고독한 죽음을 맞게 되기 십상이다.

우리나라의 65세 이상 독거노인은 133만7,000명이나 된다. 매년 그 수가 급격히 증가하고 있다. 그 중 46%가 가족, 이웃과 단절된 채 살아가고 있다. 이들의 정신상태는 어떨까. 우울증 환자가 거의 반이나 된다. 2평짜리 쪽방에서 홀로 살아가는 76세 된 할아버지는 아들이 둘이나 있지만 연락을 끊고 산 지 40년이 넘는단다. 홀로 사는 노인이라고 자식이 없는 게 아니다. 서로 단절하고 사는 것뿐이다.

부자유친(父子有親)을 강조해 온 우리나라 부모와 자식 사이가 왜 이렇게 되었을까. 한국인의 삶의 질은 185개국 중 12위나 되는데도 노년의 삶은 대부분 팍팍하고 고통스럽다.

"우리의 연수(年數)가 70이요, 강건하면 80이라도 그 연수의 자랑은 수고와 슬픔뿐이라."

제2장
행복한 노년을 위한 발걸음

마음의 여유를 갖자

노년의 과제는 첫째 건강, 둘째 경제활동, 셋째 보람 있는 일, 이 세 가지다.

경제활동은 소득을 얻는 일이고, 보람 있는 일이란 각자 '자아실현 목표'에 따라 다를 것이다. 아무튼 이제는 삶의 속도를 늦춰야 한다. 말하자면 슬로 라이프로 살아야 된다. 50~60세 이전까지는 매우 빠른 템포로 살아왔다. 음악으로 치면 '알레그로.' 하지만 앞으로는 '안단테(느리게)'로 바꾸기를 권한다.

하지만 노년에 접어들면 삶의 의미와 보람을 창조하고 매듭을 짓는 시기다. 그러려면 삶의 의미를 가꾸는 '마음의 여유'부터 가져야 한다. 최후의 순간에 "아, 내 인생은 행복했다"라는 말을 남기고 싶다면 말이다.

요즘은 70을 한창때라고 하니 50~60대면 아직은 젊다고 하겠으나, 이제는 일은 하되 좋아하는 일을 하고 너무 피곤하게는 하지 말아야 한다. 과거처럼 파이팅을 외치며 동분서주하면 피곤이 쌓이고 몸도 쇠약해진다. 지금부터 불철주야 노력하여 재벌이 될 것인가, 아니면 대학자가 되겠는가. 그런 게 아니라면 자신이 할 수 있는 일을 통해 즐거움과 보람을 추구하는 것이 현명하다.

분(分), 초(秒)를 다투며 살아가는 현대인에게 심신의 여유는 필수과목이 되었다. 그러기에 '느리게 사는 게 아름답게 사는 길'이란 말이 유행어처럼 퍼지고 있다. 여건과 능력에 따라 자신이 하는 일에서 경제적 보상을 얻으면 금상첨화다.

긍정의 효과

살아가면서 세상만사를 어떤 시각으로 보느냐에 따라 행(幸)과 불행(不幸)이 좌우된다는 말이 있다. 자신의 삶에 대하여 긍정적으로 생각하고 행동에 옮기면 곧 행복한 삶이 된다는 지론이다.

KBS TV '생로병사' 프로그램에 필자와 함께 출연했던 일본의 작가이자 이학박사인 사토 도미오 씨의 말이다.

"나는 매사를 긍정적으로 생각하고 하루하루를 즐겁게 생활합니다. 늘 좋은 생각, 내가 뜻한 대로 된다는 마음으로 행동에 옮깁니다."

당시 구십을 바라보는 나이인데도 그는 건강을 유지하며 작가, 강연, 사진가로 활동하면서 한국어, 중국어 배우기에 열심이고 머잖아 한국을 방문하고 싶다는 꿈에 부풀어 있었다. 평소 '입버릇 팔자론'을 주장하는 분이다. 말하는 대로 사람의 운명이 결정된다는 것이다. 기쁜 마음으로, 긍정적으로 생각하면 도전정신과 목표의식이 생기고 성취감을 느끼게 되며 뇌가 활성화되어 건강에도 도움이 된다는 것이다. 한국에 오면 된장찌개, 비빔밥, 불고기를 먹어 보고 싶다며 필자에게 안내를 부탁하기도 했다.

또 하나, 이 프로그램 진행과정에서 뇌(腦)에 대한 실험이 있었다. 생각하는 내용이 뇌에 어떤 영향을 미치는지를 확인하기 위해서였다. 인천 길병원에 있는 '뇌과학연구소'에서 촬영이 실시되었다. 촬영 대상으로는 바로 얼마 전 어머니를 여의고 슬픔에 잠긴 청년과 사랑하는 애인을 회상하는 청년의 뇌를 촬영했다. 결과는 어땠을까. 슬픔에 잠긴 뇌는 회색빛을 띠었고 활동이 중지된 상태였으나, 애인 생각에 잠긴 뇌는 핑크색을 띠었으며 활발하게 움직여 긍정과 부정의 차이가 극명하게 나타났다.

우리가 평소 부르는 노래 가사 중에 긍정적이냐 부정적이냐의 내용이 삶에도 영향을 미치는 것 같다. 오래전에 유행하던 '낙엽따라 가버린 사랑', '산장의 여인' 같은 노래가 있다. 멜로디도 그렇고 외롭고 슬픈 내용이다. 우연일지는 모르지만 그 노래를 부른 가수들의 삶이 어찌 그토록 자신이 부른 노래 가사를 닮았는지. 앞의 노래를 부른 가수는 30세 초반에 요절하였고, 뒤의 노래를 부른 가수는 외로운 산장에서 고독한 삶을 마감했다. 노래방에 가더라도 일단 가사를 보고 부를 노래를 선택해야 하지 않을까 싶다.

긍정적이라고 해서 '무조건 좋게만' 보라는 것은 아니다. 강 위를 나는 갈매기는 멋진 분위기와 낭만을 연출한다. 그래서 노래 가사, 시, 사진영상, 미술, 영화, 드라마 등 모든 예술의 소재가 되고 있다. 하지만 그 갈매기가 분위기 띄워 주려고 거기 와서 날고 있을 것일까. 천만에 말씀이다. 먹잇감을 구하려고 두 눈 부릅뜨고 날고 있는 것이다. 말하자면 생존의 몸부림이다. 따라서 사물의 본질을 정확히 보되 긍정적인 마인드를 갖자는 것이다. 가령, 어떤 일을 할 때 계획은 부정적 요소까지 망라하여 치밀하게 짜되, 결과에 대한 전망을 긍정적으로 가지면 힘과 용기도 나게 되어 희망과 열정을 갖게 된다.

'하로동선(夏爐冬扇)'이란 말이 있다. 여름의 화로와 겨울의 부채란 뜻으로 계절에 맞지 않거나 쓸모없는 경우를 일컫는 말이다. 어떤 이에게 여름철에 화로, 겨울철에 부채를 선물했더니, 무더위에 무슨 화로며, 추운 겨울철에 무슨 부채냐며 몹시 화를 냈다는 것이다. 그런데 다른 이에게 같은 선물을 하고 마음에 드느냐고 물었더니, 매우 고맙게 잘 쓰고 있다고 답했다는 것이다. 여름에 화로와 겨울에 부채를 어떻게 쓰느냐고 물었더니, "여름에 화로는 장마철에 젖은 물건들을 말리는 데 사용하고, 겨울에 부채는 불 지필 때 잘 쓰고 있습니다"라고 대답했단다.

맑은 아침이슬도 독사가 먹으면 독이 되고 젖소가 먹으면 우유가 된다. 똥이 방 안에 있으면 오물이지만 밭에 있으면 거름이고, 모래가 방에 있으면 쓰레기지만 공사장에 있으면 재료가 된다. 사물을 어떤 시각으로 바라보고 어떤 가치를 부여하느냐에 따라 인생의 행복과 불행이 갈리고 삶도 달라진다.

긍정적인 삶에 점(點) 하나를 찍자. 세상만사가 생각하기 나름이지만 글자에도 점 하나를 찍으면 불가능이란 의미가 가능의 의미로 변하게 되는 게 많다. '고질병'에 점 하나 찍으면 '고칠 병(病)'이 되고, 불가능이란 단어 Impossible에 점 하나를 찍으면 I'm possible(나는 가능하다)이 되며, '빚'이란 단어에 점 하나를 찍으니 '빛'이 된다. 'Dream is nowhere(꿈은 어디에도 없다)'라는 절망적인 단어도 띄어쓰기 하나로 Dream is now here로 '꿈은 바로 여기에'가 된다.

글자를 읽는 순서만 바꾸어도 부정에서 긍정으로 변하는 단어가 있다. '자살'을 거꾸로 읽으면 '살자', '역경'을 거꾸로 읽으면 '경력', '인연'을 거꾸로 읽으면 '연인', '내 힘들다'를 거꾸로 읽으면 '다들 힘내'가 된다.

새로운 주거지를 생각해 보자

노후에 가장 중요한 것은 무엇을 하며 누구와 더불어 어떻게 살아갈 것인가를 정하는 것이다. 지금 어디에 살고 있는가. 아파트인가 개인주택인가. 주변의 문화시설은 어떤가. 그리고 앞으로는 어디에 살 것인가.

몇 가지 유형을 생각해 보자.

- 도심으로 가는 경우 : 퇴직 후 도심권에서 활동하며 교통도 편리하고 병원도 가까이 있는 것을 원한다. 또 자주 가는 맛있는 식당을 염두에 두기도 한다.
- 고향으로 가는 경우 : 전원생활을 원하는 것이다. 고향에 돌아간다는 기쁨과 별장을 겸한 주택을 마련하고 농지가 있다면 건강을 위한 노동(운동)도 기꺼이 하겠다는 것이다. 봄이면 목련화 곱게 피는 언덕에 그림 같은 집을 짓고 손자 손녀들과 함께 사는 꿈같은 생활을 그려 볼 수도 있다.
- 그러나 대부분 도심에서 1시간 30분 이상 걸리는 아파트엔 살고 싶어 하지 않는다. 20년 전 그쪽으로 이사 갈 때는 내 집을 마련한다는 기쁨에 들떠 있었고 남들보다 성공한 직장인이었다. 아이들 학교 다니기도 좋았고 직장 출퇴근도 좀 멀지만

그런대로 참을 만했다. 주변 환경도 괜찮은 편이었는데, 지금은 다른 지역보다 상대적으로 낙후되어 문화시설도 없는 변두리가 되었고, 지하철도 늘 만원이어서 콩나물시루 출근이 되어 버렸다. 그래서 이제는 더 이상 살고 싶지 않다는 것이다.

- 퇴직 후 해외 이주가 늘고 있다. 요즘 동남아로 이주하는 사람이 늘고 있다. 정식으로 이민 가는 가구는 물론 국내외를 왕래하며 사는 경우도 많다. 동남아는 물가가 싸고 집값, 생활비가 저렴하여 편리하다고 한다. 한국과 계절이 반대인 호주에도 많이 진출하고 있다. 동남아가 은퇴 후 매력적인 곳이라 하더라도 치밀한 분석과 준비가 필요함은 물론이다.

전문가의 조언을 들어보자.

첫째, 현지 생활에 필요한 경제능력을 면밀히 분석할 것.

둘째, 소문만 의지하지 말고 현지에 가서 직접 체험해 볼 것.

셋째, 현지 에이전트를 통해 법적·문화적 차이점 등에 대한 도움을 받아라.

넷째, 롱 스테이(Long stay)에 도전하라. 겨울철에 2~3개월 집을 빌려 경험해 보라.

다섯째, 만일을 대비하여 국내 자산을 무조건 처분하지 말 것.

한국인의 선호 지역은 태국(치앙마이), 필리핀, 베트남, 말레이시

아 등이다. (자료 HEYADAY)

다른 나라 사람들의 경우는 어떤가.

영국인은 퇴직 후 포르투갈에, 미국인은 플로리다 또는 카리브 해로, 독일인과 스페인인은 이탈리아로, 반대로 이탈리아인은 스페인으로, 일본인은 동남아로 이주하는 경우가 많다. 포인트는 기후와 저렴한 물가를 이용하여 유유자적하는 생활을 추구하는 것이다. 우리도 한 번쯤 생각해 볼 일이다.

노년의 권태와 외로움

최근 영국 정부가 '외로움 담당 장관'을 임명했다는 뉴스가 있었다. 영국 인구 6,500만 명 중 900만 명이 외로움을 느낀다는 조사 결과가 발표되었고, 노인 360만 명은 TV를 가장 친한 친구로 꼽았다. 외로움은 새로운 전염병으로 분류되는 상황이다. 이 정도면 담당 장관이 필요할 것이다. 고령화와 1인가구의 증가로 '고독사회'가 되고 있으니 이런 문제에 대하여 우리나라도 안심할 수만은 없을 것이다.

일본에서도 고독한 사람들을 위한 반려(伴侶) 로봇이 개발되어

불티나게 팔렸다. '소니'사가 개발한 '아이보'란 로봇인데, 혼자 사는 사람에게 인사도 하고 말동무가 되어 준다는 것이다. 미국에서는 이런 로봇 시장이 매년 30%씩 성장하여 머지않아 수조 원에 이르는 시장이 될 것이란 예측이다. 애교도 부리고 약 먹을 시간도 정확히 알려준다니 외로운 사람에게는 필수품이 될 듯하다.

노년이 되면 별로 하는 일이 없어지고 시간도 남아돌게 된다. 젊어서처럼 몰두하는 일이 없으니 무료함과 권태를 자주 느끼게 된다. 무료함과 권태로 무서운 '고독병'이 생기고 이는 노년세대에게 가장 큰 두려움이 되고 있다. 심리학자들은 권태의 가장 큰 원인은 '몰입할 수 있는 활동'이 없기 때문이라고 진단한다. 젊어서는 가족을 부양하기 위하여, 주위사람들의 기대에 부응하기 위하여 불철주야 바쁘게 살아왔지만, 노년에 들어서면 자신이 꼭 해보고 싶은 것을 찾고 실천에 옮길 수 있어야 한다. '버킷리스트'가 준비되어 있어야만 긴 인생 여정을 순항할 수 있다는 말이다.

또 하나 필수사항은 깊이 마음을 나눌 수 있는 사람을 만나는 것이다. 흔히 폭넓게 사람 사귀는 이를 '마당발'이라고 부른다. 하지만 마당발이라고 해서 언제나 그 사람 곁에 사람들이 북적대는 건 아니다. 서로 얽혔던 이해관계가 사라지는 시점이 되면 모두 곁을 떠난다. 왜 그럴까. 이유는 간단하다. 인맥을 넓히기 위해 여러 사람을 만나고 그 인맥을 통하여 뭔가를 얻으려는 계산이 깔려 있었

기 때문이다. 그런 경우에는 서로의 명함이 중요 역할을 하게 된다. 직함이 무엇이냐에 따라 인파가 몰리는 거다. 사람들은 재벌, 고위 공무원, 국회의원, 선출직 당선자, 법조인 등 영향력이 있는 권력자 중심으로 모여든다.

일본에서도 사람을 만날 때 상대방의 직함과 지위를 첫째로 삼는다. 그러니까 언제든 자신이 가졌던 직함과 지위가 사라지면 주변 사람들도 다 떠나고 혼자 남게 되는 것이다. 고위직에 있다가 은퇴한 친구의 한탄이 늘 귓가를 맴돈다.

"한자리 하고 있을 때는 만나자는 사람이 많아서 귀찮을 정도였는데 퇴직 후 일 년도 안 되어 아무도 찾는 사람이 없으니 씁쓸하고 허망하기 그지없네."

결국 사람을 사귐에 있어서 명함만 볼 것이 아니라 인간적 관계에 깊이를 두고 평생을 함께할 수 있는 사람을 만나고 어울리며, 운동으로 체력을 단련해야 외롭지 않게 된다는 결론이다.

노년에 이르러 경제능력이 없으면 모임도 피하게 된다. 저소득층 55%가 문화생활을 하지 않고 월소득 100만 원이 안 되면 모임이 단 한 개도 없다는 통계가 있다. 반대로 월 700만 원이면 모임이 4개로 늘어난다고 한다. 노년은 외로움을 겪게 되는 나이다. 자녀도 독립해서 떠나고 배우자도 잃으면 홀로 남게 되니 어떻게든 사람을 만나서 소통도 하고 어울려야 외로움에서 벗어나게 된다.

고민도 선택하자

안 해도 되는 고민으로 괴로워하는가. 노먼 빈센트 필 박사는 "문제가 없는 사람은 무덤에 묻힌 자들 뿐"이라고 했다. 누구나 크고 작은 문제와 고민을 안고 살아간다. 지구상에 고민과 갈등 없이 살아가는 이가 어디 있는가. 그러나 사람들은 "나 혼자만 극복할 수 없는 고민을 갖고 있다"고 착각하고 어두운 삶을 살아간다.

한 조사에 따르면, 진지하게 고민해야 할 일은 고작 4%에 지나지 않는다 한다. 결국 인간의 걱정 중 96%는 안 해도 되는 사소한 걱정이거나 전혀 불가능한 걱정이라는 것이다. 인간의 근심걱정 대부분이 미래에 다가올지도 모르는 일들로, 공연히 닥치지도 않은 것을 습관적으로 머리 싸매고 걱정한다는 거다.

삶의 중압감 때문에 스스로 생을 마감하는 이가 많다. 하지만 심리학자들은 자신의 목표에 대한 좌절감과 성취욕이 너무 강하기 때문이라고 진단한다. 욕망이 크면 좌절도 큰 법이다. 그렇다면 우선 목표치를 낮추어야 한다. 욕망은 갖되 절제해야 한다. 그렇지 않으면 욕망의 노예가 되어 인생을 그르치기 쉽다. 어깨에 들어간 힘을 빼고 지나친 욕심을 버리면 자신의 분수를 지키게 되고 나름대로 행복한 삶이 되지 않을까.

걱정거리가 생기면 고민하기 전에 먼저 '분석'을 시작하는 것이 좋다. 종이에 적어놓고 무엇이 문제인가, 왜 그런 걱정이 생겼는가, 원인은 무엇이며 해결책은 없는 것인가, 내게 오는 영향은 어느 정도인가를 생각해 보면 답이 나온다. 그 문제가 해결될 가능성이 있다면 집중해서 대책을 강구하고 행동한다. 그러나 해결책이 전혀 보이지 않는 것이라면 고민하지 말고 과감히 버려라. 이렇게 하면 좀 더 편안하게 살 수 있을 것이다. 심신의 평안이 첫째다.

문제는 지나치게 고민하여 물불 가리지 않고 전투하듯 긴장 속에 빠져들면 그게 바로 비정상이란 얘기다.

분수에 맞게 자족하는 삶

인간의 탐욕을 표현하는 말 중에 '조금만 더(a little more)'가 대표적일 것이다. 어떤 이는 탐욕을 '의욕'이란 건설적인 말로 표현하기도 하지만, 인간의 탐욕은 끝이 없다. 인간은 태생적으로 무한한 탐욕을 갖고 태어났다고 단정 짓기도 한다. 아무튼 어느 적정한계를 넘어서면 선량한 의욕일지라도 곧 탐욕이 되는 것이다.

100원을 만드는데 1원이 부족한 사람과 1원도 없는 사람이 있다. 100원을 만들려는 사람은 그 1원을 마련하기 위해 백방으로 애를 쓴다. 그러기 위해 나쁜 방법을 동원하거나 남에게 해를 끼쳐 가며 분수에 넘치는 욕심을 내면 그것이 바로 탐욕이다.

우리는 탐욕 때문에 인생 자체를 망치는 경우를 수없이 보아왔다. 그 이유가 뭘까. 바로 자기 분수를 모르기 때문이다. 옛말에 "나물 먹고 물 마시고 팔 베고 누웠으니 대장부 살림살이 이만하면 즐겁지 아니한가"라고 자족하는 방법을 이르기도 했지만, 실제로 우리 삶에 적용하기가 그리 쉽지만은 않은 것 같다.

안젤름 그륀 독일 신부가 쓴 영성수련에 관한 《딱! 알맞게 살아가는 방법》이란 책이 소개되었다. 원칙과 슬기로운 절제로 중용의 삶을 살아온 그는 영성수련이란 탈속한 사람들의 특별한 이야기가 아니라 일상생활에서 '알맞게' 실천할 수 있는 것이라고 한다. 넘치지도 모자라지도 않는 삶, 즉 중용의 삶을 목표로 한다.

여기서 '알맞게'란 '보통수준'을 가리키는 게 아니고 양극단을 배제한 상태(불교의 '중도' 사상)와 일맥상통하는 정신을 말한다. 일상에서 '주의를 기울이는 노력'을 하면 실천하기도 쉽고 행복해진다는 것이다.

그럼 어떻게 해야 할까. "내 안의 두려움, 시기, 질투, 무절제, 슬픔을 들여다보고 그 모든 감정을 지나 영혼의 밑바닥에 이른다. 그렇게 들여다보면 내적인 공허감을 돈, 재산, 존경, 성공, 인정, 명예 같은 외적인 것들로 채우려는 노력도 멈추게 된다"고 한다. 그가 말하는 '알맞게'란 말이 '분수에 맞게'라는 말과 같은 의미

를 지닌다고 볼 때, 슬기로운 절제와 알맞게 정신이 더욱 귀하게
여겨진다.

일본의 유명작가 '무라카미 하루키'가 이런 글을 남겼다.
"갓 구운 빵을 손으로 찢어서 먹는 것, 서랍 안에 반듯하게 접어
돌돌 말은 속옷이 잔뜩 쌓여 있는 것, 새로 산 정결한 면(綿) 냄새
가 풍기는 하얀 셔츠를 머리에서부터 뒤집어쓸 때의 기분. 이렇듯
행복은 멀리 있지 않으며 거창하지 않아요. 그런데 평범한 일상에
서 행복을 찾는 것이 왜 이리 어려운 걸까요? 일상에서 소소한 행
복을 추구하는 사람들이 늘어나고 있다는 데서 희망이 생기기도
합니다."
크고 작은 일상에서 행복을 찾는 사람들은 이런 말을 한다.
"불안하고 피곤한 성공보다 조용하고 소박한 일상의 행복이 더
낫다."
성서에도 "마음이 가난한 자는 천국이 저희 것"이라 했다.
웰빙(Well-being)이란 돈과는 별로 관계가 없다는 결론이다. '세
계 웰빙지수 조사 결과'를 보면 가난한 나라인 부탄, 파나마 등이
1위를 차지하고 있는 사실이 이를 입증한다. 한국은 인도, 태국보
다도 낮은 74위다.

소중한 시간, 어떻게 사용할 것인가

옛말에 "활짝 핀 꽃은 시들 일만 남았다", "흘러간 물은 다시 돌아오지 않는다(流水不歸)"고 했다.

일생을 살면서 자신에게 주어진 시간을 어떻게 썼느냐가 성공적인 삶이었는지 여부를 판가름한다고 했는데, 한 가지 흥미로운 조사 결과가 있다. 영국의 연구기관이 인간의 수명을 79년으로 기준삼아 평생 동안 무슨 일에 몇 시간을 쓰는지 분석했다.

- 수면 : 33년(실제 잠은 26년, 잠들기 전에 낭비하는 시간 7년)
- 일 : 13년 2개월(초과근무 441일)
- TV, 스마트 기기 : 11년 4개월(TV 8년4개월, 소셜미디어 3년)
- 먹는 것 : 4년 6개월(한국 성인 30%가 비만)
- 휴가 : 3년 1개월 3주(자신이 사는 지역을 벗어난 기준)
- 운동 : 1년 4개월(매우 낮다)
- 사랑 : 1년 30일(연애 또는 사랑을 표현하는 행위에 쓰는 시간)
- 사교 : 1년 3일(일에 비해 너무 낮은 숫자)
- 교육 : 334일(학교교육은 제외)
- 줄서기 : 235일
- 웃기 : 115일

- 외출 준비 : 여성 136일/남성 46일
- 남는 시간 : 8년 2개월

그럼 남는 시간에는 무엇을 할까. 자료에 의하면 출퇴근, 영화 관람, 걷기, 독서, 섹스 등에 쓴다고 한다. 지금까지 살아오면서 이미 써버린 시간은 어쩔 수 없다 하더라도, 문제는 젊었을 때보다 노년에 더 늘어난 여유시간을 어떻게 사용할 것이냐가 매우 중요하다.

앞에 나온 항목별로 같은 시간을 쓴다고 가정해도 아직 8년 2개월이란 시간이 노년에게 놓여 있다. 이들 항목에서 안 해도 되는 일들이 많아 노년에 이르면 남는 시간이 훨씬 더 늘어난다. 많이 남아 있는 시간을 어떻게 사용할 것인가. 시간 사용에 대한 계획과 실천 여부에 따라 알차게 또는 헛되게 낭비하는 결과가 나올 것이다.

노인이 되더라도 가장 중요한 것은 "끊임없는 도전정신과 꿈을 갖고 늘 물음표를 던지는 것"이라고 선배들은 조언한다. 미국의 어느 학자는 "노년이라도 AI(인공지능)와 협업하라"고 조언한다. 젊은이에게도 어려운 그 분야를 어떻게 할 수 있겠느냐고 물러서지 말고 적극적으로 파고들어 시대에 낙오되지 말라는 소리다. 물론 남은 인생을 위해 조목조목 항목별로 설계하여야 한다. 다만 밑바탕에 삶의 정신과 자세가 깔려야 한다. 살아가는 과정에서는 어떤 일을 할 수 있는 '기능'이 중요하지만 그보다 중요한 것은 '정신'이고 그보다 더 중요한 것은 '삶의 자세'다.

이것을 부등호로 표시하면 기능 〈 정신 〈 자세가 된다.

70세 넘은 노인이 노인정에서 장기를 두며 소일하다가 유명한 화가가 되었다는 일화가 전해진다.

멍하게 앉아 있는 노인에게 지나가던 청년이 말했다.

"그냥 그렇게 앉아 계시느니 그림이나 그리시지요?"

"내가 그림을? 나는 붓을 잡을 줄도 모르는데?"

"그야 배우면 되지요."

"그러기엔 너무 늦었어. 나는 이미 일흔이 넘었는걸."

"제가 보기엔 할아버지의 연세가 문제가 아니라, 할 수 없다고 생각하는 할아버지의 마음이 더 문제 같은데요."

젊은이의 말은 노인에게 미술실을 찾게 했고, 그는 매일매일 그림을 열심히 그렸다. 이 새로운 일은 노인의 마지막 인생을 더 풍요롭고 빛나게 장식해 주었다. 그가 바로 '미국의 샤갈'이라는 극찬을 받았던 '해리 리버맨'이다.

세계 역사상 최대 업적의 35%는 60~70대에, 23%는 70~80대에, 6%는 80대에 의해 성취되었다고 한다. 결국 역사적 업적의 64%가 60세 이상의 노인들에 의하여 이루어진 셈이다. 연령과

관계없이 인류사회에 발자취를 남긴 분들을 보자.

세기의 명작 《파우스트》를 쓴 괴테는 이 작품을 83세에 완성하였다. 세계적 재벌이자 사회복지사업가였던 앤드류 카네기의 사무실에는 낡고 작은 배의 노를 젓는 그림이 걸려 있었다. "밀물이 오면 다시 바다로 노를 저어 나가겠다"는 의지의 표현이다. 그는 나이가 들어서도 늘 그 그림을 바라보며 삶의 의욕을 불태웠다고 한다. 인천상륙작전을 지휘한 맥아더 장군은 그때 나이가 70대였는데, 이런 유명한 말을 남겼다. "노병은 죽지 않는다. 다만 사라질 뿐이다"라고. 미켈란젤로는 70세에 로마 성 베드로 대성전의 돔을 완성하였고, 베르디, 하이든, 헨델 등도 70이 넘어서 불후의 명곡을 작곡하였다.

국내의 경우는 감사원장을 지낸 한승헌(84세) 변호사와 이어령(84세) 교수는 지금도 강연과 저술활동을 하고 있고, 구십아홉 되신 김형석 교수는 최근에 《백년을 살아보니》라는 책을 출간하였고, 지금도 명사 초청 특강 섭외 순위 앞자리에 계신다. 103세에 돌아가신 방지일 목사는 "닳을지언정 녹슬지 않겠다"라는 유명한 말을 남기며 설교와 저술활동을 계속해 오셨다.

몇 년 전, 일본에서 은퇴한 남편의 소일거리에 대한 설문조사가 있었다. 제목은 '젖은 낙엽' 자가진단 설문이다. 표시할 항목은 이렇다.

　깨우지 않아도 일어난다 / 이불을 펴고 갠다 / 라면, 달걀프라이 외에 할 수 있는 요리가 있다 / TV 안 보고도 혼자 집에서 잘 논다 / 밥 짓기 / 설거지 / 청소기·세탁기 돌리기 / 빨래 널고 개기 / 화분 물주기 / 단추 달기 / 구두 닦기 / 목욕물 받기 / 혼자 장보기 / 쓰레기 분리수거 / 속옷, 양말 두는 곳 알기 / 세탁소, 화장지 싸게 파는 곳 알기 / 쌀, 채소값 알기

　'젖은 낙엽'은 은퇴 후 집에 틀어박혀서 아내만 쳐다보는 남편을 말한다. 구두 뒷굽에 찰싹 달라붙은 낙엽처럼 아내 뒤만 졸졸 따라다닌다는 얘기다. 그 신세를 면하려면 위 문항에서 '그렇다'는 답이 15개는 되어야 한다. 10개가 안 되면 바로 '젖은 낙엽'이 되는 거다.

　한국의 중년 이후 남자는 10개를 넘길 사람이 없을 것 같다. 대개의 남자는 은퇴 후 하루 세끼를 꼬박꼬박 받아먹는다. 그래서 '삼식(三食)이' 시리즈가 있는 거다. 게다가 냉장고를 열어보고 시시콜콜 간섭하면서 잔소리까지 해댄다.

　50~70대 남녀 은퇴자의 여가활용에서 하루 TV 보는 시간은 4~4시간 30분이나 된다. 잠자고 화장실 가는 시간을 빼면 하루 11시간이 남는다. 은퇴 후 삶을 20년만 쳐도 8만 시간이나 되니 한 해 평균 근로시간이 2,261시간이니까 현역 시절 36년과 맞먹

는다. 돈 없고 취미도 없어서 소일거리가 마땅치 않다는 말은 핑계일 뿐이다.

2천 년 전 로마 '키케로'는 늙어서 할 수 있는 지적 활동이 무궁무진하다며 봉사, 글쓰기, 외국어 배우기, 철학공부를 꼽았다. 봉사활동이 수명을 4년이나 늘려 준다는 연구도 있다. 은퇴 후 남아도는 바다 같은 시간을 그저 때울 것인가, 누릴 것인가. 선택은 각자 자신에게 달려 있다.

문제는 개개인이 어떤 삶을 살든 스스로의 선택과 결과에 책임을 져야 한다는 점이다. 그냥저냥 하루하루를 무의미하게 산다면 자신이 이 세상에 다녀가는 의미가 과연 무엇으로 남을까.

"오늘은 우리 생애의 가장 젊은 날"이란 말을 상기하고 당장 활기차게 자리에서 일어나 생동하는 자연과 푸른 하늘을 바라보면 좋지 않을까.

'뭐라도 학교'를 아시나요?

수원시에는 '뭐라도 학교'(교장 김정일)가 있다. 100세 시대를 맞이하여 서로 가르치고 배우는 학교다. 2014년 50~60대 은퇴자 몇 분이 모여서 "인생 후반기를 뭐라도 하면서 보람 있게 가꾸어

가자"는 뜻으로 세웠다. 그 취지는 '뭐라도 배우고, 나누고, 즐기고, 행하자' 다. 각자 지식과 경험을 나누는 네트워크를 만들어서 선생과 학생이 되어 가르치고 배운다. 이를 통해 스스로 문제 해결방안을 찾고 실천함으로써 '시니어는 사회의 짐이 아니라 힘'이라는 의제에 도전하고 있다.

사회공헌사업도 활발하다. 시니어 1대 1 컴퓨터교실, 노인들의 빛바랜 사진을 모아 영상자서전을 만들어 주는 '추억디자인연구소', 웰 다잉 문화를 교육하는 '좋은 삶과 사(死) 연구소', 음악적 재능을 기부하는 '어울림 한마당', 시니어들의 팟캐스트 방송인 '뭐라도 야그팟' 등 다양하다. 93세 노인이 컴퓨터 과정을 신청하자 이를 본 회원들이 "75세까지만 활동하려 했는데 85세까지 봉사하며 살겠다"고 다짐했다는 것이다.

훌륭한 정신과 자세로 사회를 위해 공헌하는 그들의 활동에 갈채와 감사 말씀을 드린다.

노년에 이르러 시대 변화에 적응하기 위한 방법으로 '대중적 지식인으로 살기'를 강조하는 분도 있다. 대부분의 노년층은 오늘의 눈부신 디지털 시대에도 아날로그 방식으로 살아간다. 이메일이나 휴대폰 문자를 보내도 비서를 시켜서 열어보는 친구가 있다. 나이 들면서 컴퓨터 자판기를 두드리는 손놀림도 떨어지고 기억과 판단도 흐려지는 깃이 일반적인 현상이다. 사고방식과 행동이 둔해지는 '노쇠증후군'에 대처하기 위해 많이 보고 듣고 SNS에 접속하는 노력을 해야 한다. 그렇지 않으면 점차 시대 변화와 담을 쌓게 되고 낙오되게 마련이다.

젊어서는 모든 분야의 전문가로, 지식인으로 살아왔음에도 이제 나이가 들었다고 뒤처진 삶을 산다는 것은 매우 안타까운 일이 아닐 수 없다. 그러므로 디지털 시대에 맞게 통신시스템을 활용하여 최신 지식과 정보를 섭렵하면서 많이 읽고 글도 쓰면 뇌기능도 활성화되어 활기찬 삶을 살아가게 된다. 지난날의 경험과 경륜을 담아 후진에게 들려줄 주옥같은 내용을 책으로 남긴다면 얼마나 의미와 보람이 있는 일일까. 말하자면 대중적 지식인으로 살아가자는 것이다.

버킷리스트를 작성하자

인간은 밥만 먹고 살 수는 없다. 먹는 것이 매우 중요하지만 '사는 재미'도 있어야 한다. 돈이 많다고 행복해지는 게 아님은 이미 우리 삶에서 증명되었다. 일본의 경우 1950년과 1970년 사이에 경제성장이 무려 7배나 증가했다. 하지만 국민의 행복은 별로 차이가 없다는 발표가 나왔다. 행복이란 나 자신이 그 핵심이다. 남이 정하거나 알 수도 없는 것이다.

버킷리스트를 작성해 보면 10가지 또는 50가지, 그 이상도 나올수 있다. 앞으로 꼭 하고 싶은 것들을 모두 적어 본다. 주거문제, 금전, 직업, 자녀교육, 자동차, 여행, 취미, 친구관계…. 그중에서우선순위를 정하되 자신의 상황에 따라 가능한 범위 내에서 정해야 한다. 만일, 체크 결과 50점이 나왔다고 해서 그 점수를 무리하게 올리려고 하면 못 가진 것을 더 갖기 위해 그만큼 힘들어질 터이니 가장 좋은 방법은 '바라는 것'을 줄이는 게 상책이다.

하고 싶은 것이 너무 많으면 아무것도 못하는 수가 있다. 잡아야 할 토끼가 너무 많으면 한 마리도 못 잡는 것처럼. 먼저 한두가지 정도를 골라서 시간을 배분하고 그것부터 시작하면 효과적이다. '시작이 반'이란 격언이 여기에도 꼭 맞는다.

캐나다의 88세 된 '메르 홀로'라는 여성이 스카이다이빙을 한다는 뉴스를 본 적이 있다. 그는 주변 사람들이 걱정을 하자 "만약 두려움이 밀려오면 당신은 반밖에 살지 않았다는 사실을 기억하라"고 했단다. 자녀와 증손주들이 지켜보는 앞에서 자신의 버킷리스트 중 하나인 스카이다이빙을 성공적으로 끝낸 후, "하늘에 떠 있는 시간이 무척 멋지고 행복했다"고 했단다. 그의 다음목표는 자동차 경주라고 한다. 얼마나 멋진 일인가.

100세에도 '런웨이(패션쇼에서 모델이 걷는 무대)'를 활보하는 것이 꿈인 시니어 모델들이 있다. 150여 명이 등록되어 있는 '뉴시니어라이프' 소속이다. 이들의 평균연령은 65세. 최고령자인 박영자 씨는 91세다. 그는 패션쇼, 잡지, CF촬영 등 다양한 분야에서 활동한다. 자녀가 2남3녀, 손자가 10명, 증손자가 9명이다. 76세에 남편을 여의고 81세 때 모델 워킹 수업을 받았다. 5~10cm의 굽 높은 하이힐을 신고 백내장 수술로 선글라스는 필수였다. 조기 체조로 체력을 관리하면서 10년을 연습하여 지금까지 90회 이상 패션쇼 무대에 섰다. 그의 꿈은 "국내 최초로 100세 모델이 되어 20대 캣 워크(Catwalk, 패션쇼장의 무대) 사이에서도 당당히 발을 뻗는 게 새 인생 목표"라니 얼마나 멋진가. 고령화 영향으로 실버산업이 발전하고 따라서 시니어 모델 수요도 점점 늘어날 전망이니 참으로 반가운 소식이다.

이제라도 자기 자신을 명확하게 발견하려면 다음 세 가지를 되돌아보라.

- 지금까지 자신이 진실로 사랑한 것은 무엇인가.
- 무엇이 자신을 기쁨으로 충만하게 했는가.
- 지금까지 무엇이 자신의 꿈이었나.

우리는 꿈과 희망이 삶의 원동력이 된다는 진리를 깨달으며 살고 있다. 그러기에 셸리는 "세상은 꿈꾸는 자의 것"이라고 했다.

세월은 누구에게나 공평하게 주어진 자본금이다. 이 자본을 어떻게 잘 사용하느냐에 따라 성공적인 삶이 결정된다. 지금까지 당신은 참 잘해 왔다. 앞으로도 잘할 줄 믿으며 멋진 제3의 인생이 펼쳐지기를 기원하는 마음 간절하다.

당신은 어떤 악보를 갖고 사는가?

인도의 간디는 "인간은 각자 자기 나름대로의 악보를 갖고 살아간다. 어떤 악보를 갖고 있느냐에 따라 인생이 달라진다"고 했다. 어떤 주관과 인생관을 가지고 일생을 살아갈 것인지를 결정하고 실천하라는 뜻일 것이다. 어떤 일에 매진하며 평생을 살 것인가, 어떤 직업을 가지고 인류사회에 기여할 것인가, 길은 여러 갈래다.

당신은 어떤 악보를 갖고 사는가. 파도에 휩쓸려 바위 꼭대기로 올려 진 바다가재를 보자. 보는 이의 십중팔구는 틀림없이 그 바다가재가 말라 죽는다고 생각할 것이다. 그러나 가재는 끊임없이 몸을 굴려 바다 쪽으로 기어들어간다. 말라죽는 가재는 한 마리도 없다. 살아남으려는 의지와 노력의 결과다.

당신이 부를 노래는 어떤 노래인가. 슬프거나 어두운 분위기인가. 앞에서도 언급했지만, 슬프고 어두운 노래는 부르는 이나 듣는

이 모두에게 부정적인 영향을 끼친다. 노래 내용이 감정이입으로 전달되기 때문이다. 그러므로 우리가 부르는 노래는 긍정적이어야 한다. 한풀이를 주제로 한 어둡고 슬픈 노래를 부르면 감정도 어두워지고 삶도 처량하게 느낀다.

때로는 그런 노래가 필요하기도 하다. 그런 노래를 부름으로써 가슴속에 쌓였던 응어리를 풀어내는 카타르시스를 느끼게 된다. 동시에 슬픔, 긴장감, 불안감, 우울감에서 벗어날 수 있다. 하지만 항상 그런 노래만을 부를 수는 없다. 평소에 자주 부르는 노래는 가사도, 멜로디도 밝고 명랑하여야 한다. 가사에는 굳센 정신과 자세, 소망, 의지를 담고, 멜로디는 경쾌하고 신나면 더 좋다. 자신이 부를 노래를 직접 작사, 작곡하기란 쉽지 않으니 수많은 노래 중에서 자신에게 맞는 것을 고를 수도 있다. 아직 부를 악보가 준비되지 않았다면 이제라도 선택해 보는 것이 좋지 않을까.

선현들은 어떤 악보를 바람직하게 여겼을까. 선현의 가르침은 이렇다. "노년은 품격(品格)이 첫째다. 생각과 행동 하나하나가 풍부한 경륜을 바탕으로 노숙(老熟)함을 갖추어야 한다. 분노, 탐욕, 증오를 버리고 자신을 생각하는 이기주의에서 벗어나 타인중심적(弘益人間)인 사고를 갖는 여유와 따스함이 몸에 배어야 한다"고 했다. 행복하고도 의미 있는 노년을 맞이하려면 어떤 악보가 필요할까. 맹자는 '3락(孟子三樂)'을 자신의 악보로 삼았다.

첫째, 하늘을 우러러 한 점 부끄러움이 없어야 한다. 하늘뿐만 아니라 사람들에게도 부끄러움이 없어야 하니 오로지 인격 수양을 통해서만 가능하다.

둘째, 양친이 살아 계시고 형제가 모두 무고한 것. 부모의 생존은 자식의 노력만으로는 영원할 수 없으니 함께 오래할 수 있으면 즐겁다는 것이고,

셋째, 천하의 영재를 얻어 교육한다. 이것은 자신이 갖고 있는 지식과 경험, 경륜을 다른 사람에게 베풀어야 한다는 의미로 보인다.

시대에 따라 지사(志士)들의 삶의 목표도 달랐던 것을 볼 수 있다. 우리 역사에도 나라의 독립을 위하여, 또는 민주주의와 인권 향상을 위하여, 자유와 평등을 위하여, 인재교육을 위하여, 농촌의 발전을 위하여, 산업중흥을 위하여, 언론의 사명을 위하여, 각 분야에서 국가사회에 기여하며 평생을 헌신해 온 분들이 있다. 그분들도 삶의 여정에서 때로는 좌절하고 힘에 겨워 중도에 포기하고 싶었을 때가 있었을 것이다. 그러나 수많은 역경에도 굴하지 않고, 가슴속에 굳게 아로새긴 일생의 악보를 부르며 금자탑을 세웠을 것이다. 이분들의 빛나는 헌신이 나라의 성장 발전의 토대가 되었음을 기억하고 있다. 왕복표 없는 단 한 번의 인생이니 그냥저냥 살기보다는 무엇이든 의미 있게 살아야 되지 않을까.

제3장
노년의 품격 갖추기

품격의 두 가지 타입

노년세대의 품격은 크게 두 가지 타입이 있다. 하나는 '권위형'으로 인품이 훌륭하다는 평판을 받는다. 따라서 그런 타입의 언행은 주위로부터 인정과 존경을 받는다. 또 하나는 '권위형'으로 도전과 열정을 불태우며 쉬지 않고 달린다. 때로는 좌충우돌하기도 하며 수단과 방법을 가리지 않고 다른 사람은 별로 생각지 않는다. 당신은 지금 어느 쪽에 속하는가.

권력이란 조직이 주는 것으로 국가, 정부, 기관, 자본 등이 갖고 있는 힘이다. 이것은 더 큰 권력을 창출하기도 하지만, 반대의 경우 정권이 무너지거나 조직이 깨지면 일순간에 잃게 된다. 자본이 갖는 권력도 돈이 없어지면 마찬가지다. 그러나 권위는 훌륭한 인간성과 희망, 지혜, 용기, 절제, 근면, 성실, 절약, 겸양, 선행, 관대,

기품, 철학, 종교, 도덕성, 사랑, 침묵, 어진 마음, 의로움, 예의, 유머 등을 두루 갖춘 사람에게서 생성되는 것이다. '화무십일홍(花無十日紅)'이란 격언대로 권력의 수명은 짧지만 권위는 길고 오랜 것이다. 그렇다면 당신은 과연 어느 쪽을 선택할 것인가.

품격 있는 사람이라면 어떤 사람을 말하는 것일까. 예부터 전해지는 선현들의 말을 요약해 보자.

- 품격 있는 사람은 프라이드가 높다.
- 부끄러움을 아는 사람이 강한 사람이다.
- 신용(신뢰)을 쌓는 사람이다.
- 비굴하지 않는 사람이다.
- 자신의 인생에 주인공이 되는 사람이다.
- 마음의 볼트에이지(Voltage, 전압)가 높은 사람이다.
- 사람의 마음을 잡는 사람이다.
- 승자라고 반드시 품격이 있는 것은 아니다.
- 정당성을 갖추면 품격이 있다.
- 바르게 보고 판단하는 사람이다.
- 사생관(死生觀)이 확립된 사람이다.
- 일류와 이류의 차이는 사생활에서 온다.
- 자신의 운명을 창조하는 사람이다.

노년에 갖추어야 할 덕목은 바로 '권위형 요소'들이다.

노년은 '인격이 사람됨을 말하는 연대'다. 따라서 무의식중에 다양한 덕목이 몸에 배어야 한다. 그래야 멋진 사람이 된다. 누구나 살면서 복잡한 인간관계를 맺게 되는데, 당신의 덕목이 타인에게 나타날 때 비로소 성숙하고도 빛나는 삶을 살게 되는 것이다. 은퇴한 이후는 더욱 그렇다. 나이 들면서 훌륭한 인품을 갖게 되면 80%는 이미 성공한 삶이다.

또 하나 빼놓을 수 없는 덕목은 '중용(中庸)'이다. 매사 한쪽으로 치우치지 말아야 하고, 2분법적 사고방식이나 좋고 싫음을 극명하게 나타내면 덕(德)이 되지 못한다. 중용이란 '평등'이란 말로도 해석되지만 사람을 차별하지 않는 것도 달관(達觀)에 속한다. 이렇게 하면 자연스럽게 여러 사람으로부터 존경과 신뢰를 얻게 마련이니 인생에 큰 플러스가 아닌가.

왕년에 사로잡힌 사람들

서울 근교의 고급 실버타운 로비. 따스한 아침 햇살을 받으며 입주 노인들이 둘러앉아 이야기꽃을 피우고 있다. 가운데 자리에 앉은 노인이 지난날을 회고한다.

"오늘 아침 뉴스에 나온 아무개 장관은 내가 데리고 있던 친구야."

옆에 앉은 노인도 한마디 한다.

"아무개 장군은 내 부관이었고, 대통령은 어렸을 때 나와 앞뒤 집에 살았어."

"아무개 청장은 내가 시키는 대로 하게 되어 있어."

각자 자랑삼아 하는 말이지만, 그 속엔 부탁할 일이 있으면 해 보라는 뜻도 있지 않을까. 당신이 그렇게 대단한 인물이라면, 그 래서 어떻다는 것인지는 아무도 묻지 않고 또 감탄하지도 않는다. 그냥 말하는 사람이 왕년에 취해서 추억을 더듬는 것으로 치부한 다. 듣는 이 중에는 과연 그게 사실일까 하고 의아하게 생각하는 눈치도 보인단다. 대폿집이나 다방에서 폼을 잡고 그렇게 말하는 사람들도 있는데, 그런 사람은 대부분 사기꾼이다.

이때 로비에서 정면으로 보이는 앞마당으로 작은 자동차 한 대 가 들어온다. 차가 멈추자 문이 열리고 수수한 옷차림의 젊은 부 부와 아이들이 내린다. 지금까지 조용히 남의 말을 듣기만 하던 한 노인이 일어나 밖으로 나간다. 자식들을 맞으러 자기 방으로 가는 거다. 그리고 노인은 아들 부부에게 이렇게 말한다.

"차는 언제 바꿀 계획이냐? 애들 옷은 유명 상표 붙은 걸로 사 서 입히지 그러니."

결국 그 노인은 실버타운에서 나오고 말았다는 후문이다. 옆 사 람과 비교되고 자존심도 무척 상했을 것이다. 내세울 왕년이 있고 돈푼이나 가진 노인들이 결국 보통 수준의 노인을 실버타운에서 나가게 한 셈이다.

커피숍에 가면 옆자리에 앉은 손님들의 대화 내용이 들린다. 나이 지긋한 노인이 한쪽 다리를 반대편 무릎 위에 올려놓고 비스듬히 앉아 있다. 얼굴에 위엄을 보이려고 애쓴다. 그 앞에는 두 손을 모은 중년들이 다소곳이 앉아 있다. 노인이 낮은 목소리로 점잖게 입을 연다.

"아무개 장관에게 부탁해 달라고? 그 사람은 내 새까만 후배야. 진즉에 얘기하지 그랬나."

"○○○ 국회의원이 말을 잘 안 듣는다고? 걔는 어려서 내 옆집에 살았고 전에 내가 부하로 데리고 있었지. 내가 시키는 내로 하게 되어 있으니 걱정하지 마."

이 말이 떨어지자 중년들의 얼굴에 희색이 가득하다. 청을 들어주셔서 감사하다는 표정으로 연신 머리를 조아린다. 틀림없이 이들 사이에 봉투가 오고갈 것이고, 성사되면 크게 사례하겠다는 말도 전할 것이다. 하지만 대개 사기꾼들은 부탁받을 때 일정금액을 요구하거나 전액을 한꺼번에 달라고 할 테고, 매달리는 쪽은 이를 거절할 수 없을 것이다. 이래서 우리는 아직 후진국이다.

젊어서는 꿈에 살지만 나이 들면 추억에 산다는 말이 있다. 늙은 사람은 아무래도 젊은 사람보다는 더 많은 경험과 겪은 일들이 많게 마련이다. 그런 면에서 지나간 일을 되씹어 보는 반추행동은 당연할지도 모른다. 하지만 이웃을 생각하면 추억을 회상하는 것도 조용히 홀로 해야 할 일이다. 밖으로 드러내어 자랑삼아 떠들면 남에게 큰 피해를 주는 거다.

노년을 위한 조언에 "퇴직 전의 명함으로 살지 말라"는 말이 있다. "과거에 ○○였다"는 말을 들으면 우습게 본다. 퇴직하면 주민등록증과 운전면허증만이 신분을 밝힌다. 어느 모임에 가서 '전○○○'라는 과거 직함을 적은 명함을 보면 기분이 묘하다. 권력, 돈, 명예, 지위란 아침이슬과 같은 것이다. 지난날 어떤 정신과 자세로 살아왔으며 앞으로 어떻게 살아갈 것인가에 대한 가치관과 철학을 가지면 더 행복해지지 않을까.

노인의 훈계와 품위

필자가 겪은 에피소드를 소개한다. 낙엽이 흩날리는 늦가을 어느 날 지하철을 탔을 때 얘기다. 전동차에 오르자 마침 경로석에 자리가 있어 앉았다. 필자가 자리에 앉을 때는 앞과 옆에 아무도 없었고 자리를 양보할 대상도 보이지 않았다. 잠시 후 옆자리에 어느 노인이 앉는 듯했다. 책을 꺼내 읽는 필자에게 그 사람이 말을 걸어왔다.

"당신 목사야? 아니면 ○○대학 교수야?"

내가 고개를 돌려 그에게 물었다.

"제게 하신 말씀입니까?"

"그래."

"저를 아십니까?"

"모르지. 그런데 학생을 잘 가르쳐야 돼."

아닌 밤중에 날벼락이었다. 영문을 모르는 내가 그를 바라보니 난생처음 본 얼굴이었는데, 그쪽에서 다짜고짜 반말로 훈계를 시작한 것이다. 얼굴은 온갖 짜증으로 가득했고 비스듬히 다리를 꼬고 앉아 팔짱을 낀 채 큰 소리로 대중연설을 히는 깃이었다.

노인의 나이는 나와 엇비슷해 보였으나 머리가 더 희었다. 느닷없는 상황에 당황한 필자는 잠시 생각에 잠겼다. 여기서 응대를 해야 하나, 아니면 무시해야 하나 망설였다. 그러는 동안 노인이 다시 시비를 추가했다.

"당신, 남이 앉을 자리에 얌체처럼 날름 앉고 말이야."

이건 또 무슨 말인가. 생트집이나 다름없었다.

"아까 제가 앉을 때는 제 앞에 아무도 없어서 앉았습니다."

필자는 예의를 갖추어 정중하게 말했다.

그러자 노인은 계속해서 "학생을 잘 가르쳐야 돼"를 연발했다.

마이크에 한이 맺혔을까? 그는 연설을 즐기는 듯했다. '과대망상 허언증' 환자일까. 다른 승객들이 이쪽을 바라보고 있었다. 순간, 승객들이 느끼기에 마치 노인은 엄한 훈육 선생이고 나는 야단맞는 학생 같은 모습일 거란 생각이 들었다. 아니면 필자가 창경원의 원숭이처럼 보일 수도 있겠다 싶었다.

잠시 고민을 했다. 왜 내가 하필이면 목사나 교수로 지목되었을까. 그 노인은 목사와 교수(그것도 ○○대학이라는 이름을 꼭 찍어서)에게 무슨 나쁜 감정을 갖고 있을까. 곰곰이 생각해 봐도 종잡을 수가 없었다.

나는 침묵하다가 그만 자리에서 일어서며 한마디 했다. 더 이상 응대할 수가 없는 노인이란 생각이 들어서였다.

"영감님, 나이든 게 자랑거리는 아닙니다. 어른답게 행동하시지요."

다른 전동차 칸으로 이동하는 필자의 뒤에서 그 노인의 우렁찬 "학생들 잘 가르쳐야 돼"라는 훈계는 계속되었고, 옆에 서 있던 신사가 그 노인에게 정중하게 타이르는 소리가 들렸다.

"그만하시지요! 조용히 하세요."

그 노인의 기세로 보아 그의 강연(?)은 내릴 때까지 계속되었을 것이고, 필자는 "아, 저러면 안 되는 거지"라는 교훈을 하나 얻었다.

어른과 '꼰대'

노년이 되면 모임에서 두 가지 원칙을 지키라는 조언이 있다.

첫째, 입을 닫아라.

지난날의 무용담이든 성공담이든 "내가 젊었을 때"라고 하면 젊은이들은 귀를 닫는다. 뿐만 아니라 나라가 가난하여 굶주리던 시절의 얘기를 꺼내면 듣기 싫어하고 딴 생각을 한다. 6 · 25때 피난 다니면서 꿀꿀이죽이나 풀빵 먹은 얘기가 나오면, "급한 일이 있어 먼저 가 봐야 한다"며 자리를 뜬다. 나이가 많이 들었으니 젊은이보다는 경륜과 학식이 많을 것이다. 하지만 손주 자랑까지 곁들여 대화를 독점하면 다음부터는 아예 연락이 끊길 것이다.

둘째, N분의 1 정신에 투철하라.

식대 등 모임에 필요한 비용을 지불하기 위해 지갑을 열어야 한다. 다 내면 좋지만 적어도 N분의 1은 필수다. 말도 줄여서 N분의 1만 해야 한다. 5명이 모이면 5분의 1만큼만 하라는 것이다.(자료 news.joins.com)

'씽크 헬퍼(think helper)'라는 말이 있다. 노인의 말은 옳은 말도 잔소리로 들린다고 하니 생각하는 데 도움이 되게 하라는 뜻이다.

젊은이들에게 나이든 사람으로서 오랜 경험을 담아 의견을 얘기했을 뿐인데도 '잔소리'라 여기고, 원칙을 말하면 '꼰대(스스로

자신에게 권위를 부여하고 높인다는 의미)'라는 말을 듣게 된다. '틀딱충'이란 말도 있다. 틀니 부딪치는 소리가 딱딱거린다는 의미다. 그뿐 아니라 '노슬아치'라는 말도 있다. 늙을 노(老)와 벼슬아치의 합성어란다. 하긴 우리 사회에서 진정한 어른 찾기가 매우 어려운 게 사실이다. 정치, 사회적으로 지도자란 사람들의 행태는 그야말로 실망 그 자체여서 보고 배울 게 없으니 말이다.

나도 젊은이들과 만나면 선배 중에서 존경하는 분, 닮고 싶었던 분을 떠올려 그분의 언행을 따라해 본다. 말을 줄이고 꼭 해야 할 말만 조언삼아(가르치려 하면 역효과가 발생) 조심스레 한다. 말도 가려서 한다. 젊은 사람일지라도 상대방을 존중하고, 나 자신을 겸손하게 가꾸며, 자기계발을 위해 정진하는 모습을 보이면, 내가 그들의 닮고 싶은 선배가 될 수 있지 않을까 하는 마음에서다. 그래야 꼰대, 또는 '개저씨' 소리를 안 듣게 되지 않을까.

사람은 누구나 이름을 남기고 싶어 한다. '유명한 사람'이 되고 싶은가, 아니면 '훌륭한 사람'이 되고 싶은가. 인류의 역사를 보더라도 여러 형태로 이름을 남긴 사람들이 있다. '히틀러'나 '알 카포네'처럼 나쁜 짓을 해서 악명을 남기는가 하면, '슈바이처' 박사나 '테레사' 수녀처럼 선한 삶으로 오래도록 기억되며 존경을 받는 사람도 많다.

히틀러와 알 카포네는 '유명한 사람'임에 틀림없다. 그러나 그의 이름을 듣는 순간 사람들은 미간을 찌푸린다. 그들은 권력과 돈과 무력으로 악한 일을 저질러 유명해졌기 때문이다. 반면, 슈바이처와 테레사 수녀는 권력도 돈도 무기도 없이, 어찌 보면 가장 나약한 상태에서도 이 세상에서 가장 훌륭한 일을 해낸 분들로 이름을 남겼다. 이분들의 삶에는 누구도 넘볼 수 없는 '권위'가 서려있다. 그리고 모든 사람에게 '훌륭한 사람'으로 기억되고 있다.

당신은 어떻게 기억되기를 원하는가.

주위사람들은 그동안 당신이 이루어 온 업적과 인간적인 면의 평가를 기억할 것이다. 필자도 모든 사람들이 바라듯 좋지 않은 일로 이름을 남기기보다는 훌륭한 사람으로 기억되기를 원한다. 하지만 내놓을 공적이 없고, 그렇다고 인류와 국가사회를 위해 큰 업적을 남긴 것도 별로 없으니 유명하거나 훌륭한 사람으로 기억되기를 바랄 수는 없다. 다만, 남들로부터 손가락질 받지 않고 '좋은 사람' 아니면 최소한 '괜찮은 사람' 정도라도 기억되기를 바라며 살아가고 있다.

노자(老子)가 강조한 '인간관계'

좋은 인간관계는 인생의 윤활유다.

1. 진실함이 없는 아름다운 말을 늘어놓지 마라.

   남의 비위를 맞추거나 추켜세우거나 감언이설하지 마라.

2. 말을 삼가라.

   말 많은 것보다 말 없는 것이 오히려 낫다.

3. 아는 체하지 마라.

   지혜 있는 자는 나타내지 않아도 남이 알아준다.

   잠자코 있으면 50점은 된다는 격언이 옳다.

4. 돈에 너무 집착하지 마라.

   돈은 인생의 윤활유임에 틀림없다. 그러나 돈의 노예가 되는
   것은 안타까운 일이다.

5. 남과 다투지 마라.

   다투면 적을 만든다. 어떤 일에나 유연하게 대처하라.

상대하기 어려운 사람과는 다투지 말라는 뜻의 우스갯말이 있다.

"개와 싸워서 지면 개보다 못한 사람이 되고,

개와 싸워서 비기면 개 같은 사람이 되며,

개와 싸워서 이기면 개보다 더한 사람이 된다."

노년에 이른 사람들이 서로 나누는 권고의 내용은 다음과 같다.

1. 나이 들면 말수를 줄이고 소리는 낮게

2. 행동은 느리게, 신중하게

3. 탐욕을 금하자

4. 건강을 위해 가려서 잘 먹자

5. 삶의 규모를 분수에 맞추자

6. 젊은이에게도 예의를 갖추자

7. 간결한 삶이 아름답다

8. 절제하는 삶이 아름답다

9. 매사에 인내하자

10. 연륜에서 터득하되 더 많이 배우자

11. 언제 버리고 놓아야 할지를 알자

12. 마음을 비우면 세상이 넓어 보인다

제4장
곱게 물든 낙엽은 봄꽃보다 아름답다

100세 시대의 라이프 디자인

우리는 평소 '비보호 좌회전'이란 말을 자주 한다. 여생을 어떻게 살아갈 것인가에 대해서도 비보호 좌회전이란 말이 적용될 수 있다. 삶의 과정에서 의무적으로 이행해야 할 정해진 규칙이 따로 없고 각자가 택한 상황에 따라 삶이 판이하게 달라질 것이므로 '비보호'란 말이 적용되는 것이다. 그렇다면 막연히 신호가 바뀌기를 기다릴 것인가. 준비된 상태에서 좌회전을 할 것인가.

노년이 되면 대부분 '두려움'을 갖는다. 늙음에 대하여, 질병에 대하여, 가족과의 사별, 세상과의 이별 등을 의식하기 때문이다. 하지만 아직은 알 수 없는 미래에 대한 두려움보다는 현실을 겸허하게 받아들이는 편이 현명하다. 오히려 현재 나에게 주어진 시간을 즐겁게, 의미 있게 보내도록 마음을 바꾸는 게 훨씬 옳고 가치 있는 일이다. 오늘 하루를 즐겁게 산다는 게 중요하다는 말이다.

여생을 보람되게 살아가기 위해서는 비전을 갖는 것이 바람직하다. 자신이 앞으로 가장 하고 싶은 것(버킷리스트)의 순서를 정해서 차근차근 실행해 나갈 수 있게 설계하고 실천에 옮기면 그 과정 자체가 활기차고 행복해질 것이다.

또한 자신의 노화현상에 대해 비관할 필요는 없다. 머리에 흰서리가 내려앉고 주름살이 늘어나며 팔다리에 힘이 빠진다고 이를 비관하면 안 된다. 부정할 수 없는 자연현상임을 수용하고 오히려 운동에 힘쓰며 밝은 마음으로 일상을 즐기는 게 현명하다.

선비들도 벼슬길에 올라 관직에 있을 때보다는 귀양을 가거나 낙향하여 살 때가 건강이 더 좋았다고 한다. 말하자면 '출세(出世)에서 멀어지니 장수(長壽)가 보이더라'는 얘기다. 한자리 할 때 당파싸움, 기름진 음식, 술자리, 스트레스 등으로 성인병의 온상 속에서 살다가 귀양을 가거나 낙향하여 조용히 살 때는 소식, 채소 위주의 식사로 오히려 장수의 비결이 되었다는 것이다. 조용히 명상하며 학문과 농사일에 전념하는 등 규칙적인 생활을 함으로써 건강한 삶을 살았다는 사례가 많다.

조선시대에는 평균수명이 40세 정도였기에 환갑을 넘기는 경우가 흔치 않았고 70~80세를 넘긴다는 것은 매우 드문 일이었는데, 정조 때 조정철(정조 시해사건에 연루되어 억울하게 27년이나 귀양살이를 함) 선생은 88세, 이조판서와 대제학을 지낸 서명응 선생은 72세, 이익 선생은 83세, 퇴계 이황 선생은 71세까지 장수했다. 다산 정약용, 연암 박지원(직접 농사를 지음) 선생도 장수했는데, 이분들의 음식은 콩으로 만든 종류, 거친 곡물, 고사리, 미나리, 좁쌀, 구기자 등 자연식품이 주된 메뉴였다. 무엇보다 편한 마음가짐과 휴식, 명상과 소박한 식사가 장수의 보약이 아니었을까 여겨진다.

시대 변화에 적응하기 위한 방법으로 '대중적 지식인으로 살기'를 강조하는 이도 있다. 노인이라고 해서 의욕도 잃고 뒤에 처져서 아날로그 방식으로 살지 말고, 오히려 SNS에 적극 참여하여 많은 정보와 지식을 공유하며 디지털 시대에 맞게 활기차게 살자는 의미다. 그러는 가운데 자신이 쌓아 온 지식괴 경험, 성분을 살려 후대를 위해 글로 써서 남긴다면 그보다 더 보람 있는 일은 없을 것이란 말이다.

가진 재산이 부족하다고 실망할 필요는 없다. 억만장자도 반드시 행복하지는 않다. 고액연봉, 고급주택, 고급자동차, 요트, 별장에 산해진미를 먹고 산다고 꼭 행복하겠는가. 화목하지 못한 가정에서 산해진미가 가득한 것보다 비록 가난해도 화목한 집이 더 행복하다고 했다. 재산의 크기란 가짐과 못 가짐의 차이일 뿐, 어떻게 사느냐가 행복과 불행을 구분한다는 가치관을 가져야 한다. 화목한 가정, 건강한 가족, 남을 위해 봉사하는 삶, 선행 베풀기,

건전한 신앙생활로 마음의 평안을 얻는 것이 행복에의 지름길이 되지 않을까.

늙었다고 추한 모습으로 살 수는 없다. 여건이 어렵더라도 '전향적 자세'로 살아가도록 노력해야 된다. 좌회전 신호를 기다리되 준비된 상태에서 기다려야 한다. 항상 마음과 몸을 잘 가꾸고 다스려서 곱게 물든 낙엽처럼 아름답게 가꾸어야 한다. 꽃은 가까이 다가가야만 향기를 느끼고 아름다운 모습과 빛깔도 보게 된다. 하지만 사람의 향기는 천리, 만리 밖에서도 느끼게 된다. 그러기에 '인향만리(人香萬里)'란 격언도 있다. 고매한 인격, 품위와 덕망을 갖춘 원숙한 노년의 모습은 그 어떤 꽃보다도 아름답다.

죽음에 대한 긍정적 사고 정립

인공지능(AI)의 발달은 '인간이 언제 죽을지를 예측'하기에 이르렀다. 호주의 과학자들이 개발한 이 시스템은 69% 정확도를 자랑한다. 사망 시기를 예측한다는 것은 기대수명을 연장할 수 있다는 의미이기도 하다. 이 예측은 의사보다 더 정확한데다 인간이 몇 년 걸려 할 수 있는 예측을 단 며칠 만에 해낸다니 참으로 눈부신 발전이라 하겠다.

신앙생활을 하는 사람들은 죽음에 대해 긍정적 사고를 갖고 있다. 불교에는 윤회사상이 배어 있고, 기독교에서도 내세관(來世觀)에 따라 비록 육체는 소멸되지만 영혼은 영생(永生)한다고 믿으며 '죽음은 삶의 완성'이라고 생각한다. 죽음을 일반적인 두려움(공포감)에서 벗어나 새로운 시각에서 바라본다는 것이다. 우리 사회에서도 얼마 전부터 유서쓰기를 가르치는 곳이 생기고 유서쓰기 모임도 있다. 사회가 점차 죽음에 대하여 두려움 없이 평안한 마음으로 바라보는 분위기로 가고 있는 것이다.

생명의 유한성을 인식하고 삶에 대한 달관과 죽음에 대한 긍정적 사고로서 관조(觀照)의 자세를 보인 천상병 시인의 '귀천(歸天)'이란 시를 보자.

나 하늘로 돌아가리라
새벽빛 와 닿으면 스러지는
이슬 더불어 손에 손을 잡고

나 하늘로 돌아가리라
노을빛 함께 단 둘이서
기슭에서 놀다가 구름 손짓하면

나 하늘로 돌아가리라

아름다운 이 세상 소풍 끝나는 날

가서 아름다웠더라고 말하리라.

아이들도 밖에서 놀다가 해가 지면 집으로 돌아간다. 해가 진다는 의미는 삶의 종지부를 찍는 것과 같고 집이란 하늘(저세상)을 뜻한다. 시인이 말한 대로 우리 인생도 이 세상 소풍길에 나선 거나 다름없다. 소풍 길에서 꽃을 만지다 가시에 찔리기도 하고 돌부리에 채이기도 한다. 넘어지기도 하고 상처도 입는다. 우리가 살면서 겪는 온갖 환난과 고통처럼 말이다. 슬프고 괴로운 일도 있지만 즐거운 일, 기쁜 일, 보람찬 일을 누리다 가면 아름다운 생애를 마치는 게 아닐까.

묘비에 새겨진 여러 글귀를 보게 된다. 죽음에 대한 관점을 가볍게 유머러스하게 표현한 글귀가 있다. 유명 극작가 '조지 버나드 쇼'의 묘비에는 이런 글이 있단다.

"우물쭈물하다 내 이럴 줄 알았다.(I knew if I stayed around long enough, something like this would happen.)"

풍자적인 문구다. 죽음을 원통하게, 슬프게, 공포의 대상으로 보지 않고 다분히 관조적인 자세로 표현했다.

또 평생 밑바닥 인생을 살며 술과 노동으로 삶을 마친 독일 시인 '찰스 부코스키'는 묘비에 이런 표현을 남겼다.

"애쓰지 마라.(Don't Try.)"

진시황이 가진 불로장생의 욕망은 지금도 누구나 다 갖고 있다. 늙지 않고 오래 살고자 불로초를 얻으려고 수많은 백성을 괴롭혔지만 불과 51세에 생을 마감한 그의 삶을 보면 허망하기 짝이 없다. 오늘도 우리는 비타민과 각종 건강보조식품을 집어삼킨다. 건강하게 오래 살려는 욕구가 있음을 부인할 수는 없다.

나이가 많고 병까지 들어 임종이 가까워졌을 때, 대개는 자식들이 119를 불러 병원 응급실로 향한다. 그리 되면 마치 정해진 코스처럼 예외 없이 산소호흡기를 낀다. 그리고 중환자실 또는 일반실로 옮겨서도 무의식상태에서 산소호흡기를 낀 채 식물인간으로 살아간다. 짧게는 수개월, 길게는 몇 년씩 이런 상황이 계속된다. 음식물도 호스로 넣어 주고 아무 의식도 없다. 다만, 숨을 쉴 뿐이다. 과연 살아 있다고 할 수 있을까. 자식들도 병실 지키느라 지치고 간병비와 병원비 대느라 빚에 허덕이게 된다.

존엄사(尊嚴死)

죽음에 대한 사고도 많이 달라지고 있다. 어떻게든 하루라도, 단 한 시간이라도 더 살아보려고 발버둥치던 과거의 사고방식이 획기적으로 변하고 있다. 존엄사를 스스로 선택한 A여사의 경우를 보자.

그는 언젠가 자신이 죽기 직전 응급실에 실려 가게 되면 산소호흡기 등 수명 연장을 위한 일체의 조치를 하지 말라는 유언장을 작성하고 공증까지 해 두었다. 집에 일하러 온 도우미의 부축을 받아 변호사를 찾아가서 미리 준비해 둔 것이다.

얼마 후 A여사는 응급실에 실려 가게 되었다. 그리고 유언대로 일체의 수명 연장 조치 없이 입원한 지 이틀 만에 '존엄한 생애 마감'을 실현하는 모습을 보여 주었다.

보건복지부가 2018년 2월 4일부터 '연명의료결정제도'를 시행하고 있다. 임종 과정에 있는 환자의 연명의료 결정에서 담당의사와 전문의 1명으로부터 임종 과정에 있다는 의학적 판단을 받은 환자는 심폐소생시술, 인공호흡기 착용, 혈액투석, 항암제 투여 등의 연명치료를 하지 않거나 중단하는 결정을 할 수 있도록 한 것이다. 회복 가능성이 없는 의학적 판단 아래 인공호흡기 등 생명 유지만을 위한 의료행위는 하지 않고 자연스런 죽음을 선택할수 있도록 도와주는 절차다.

환자의 자기결정권을 강조하는 '존엄사'와는 구별되는 면이 있다. 연명 의료를 중단, 유보하고자 하는 환자는 윤리위원회가 설치된 의료기관에서 담당의사와 전문의 1명의 진단을 받아야 한다. 연명의료에 대한 환자의 의사를 확인할 수 없을 때는 환자 가족

2인 이상의 진술을 토대로 연명의료 중단, 유보를 결정을 할 수 있게 되어 있다. 현재 49개 의료기관을 연명의료의향서 등록기관으로 지정하였고, 마음이 바뀌면 언제든지 연명의료계획서와 사전연명의료의향서를 철회할 수 있다. 상세한 내용은 www.lst.go.kr에서 조회해 볼 수 있다.

최근 가톨릭 국가인 이탈리아에서도 존엄사를 허용하는 법안이 통과되었다. 영국, 프랑스, 스페인 등 유럽의 대다수 국가가 존엄사를 허용하고 있으며 네덜란드, 벨기에, 스위스에서는 연명치료 중단은 물론, 불치병 환자에게 약물을 투입하여 사망에 이르게 하는 '안락사'까지도 허용하고 있다.

우리나라 연명의료결정법에서 정한 방법은 두 가지다. 하나는, 환자 본인이 직접 사전연명의료의향서나 연명의료계획서를 제출해서 연명의료를 원치 않는다는 분명한 의사를 표시하면 된다. 또 하나는 환자의 의식이 없는 상태에서 환자 가족 2인이 동일하게 연명의료에 대한 환자의 의사를 진술하거나 가족 전원이 합의하면 연명의료 중단 결정이 가능하다. 시범사업기관으로는 강원대병원, 건강보험공단 일산병원, 고려대 구로병원. 서울대병원, 세브란스병원, 영남대의료원, 제주대병원, 충남대병원 등이 있다.(상세한 내용은 국가생명윤리정책연구원 국립연명의료기관 설립추진단으로 문의하면 된다.)

얼마 전 104세의 생태학자 데이비드 구달 박사가 스스로 안락사를 선택하여 세상을 떠났다. 안락사가 가능한 스위스까지 찾아가서 베토벤 교향곡 '환희의 송가'를 들으며 생을 마감했다. 유언은 "장례식을 치르지 마라. 어떤 추모행사도 갖지 마라. 시신은 해부용으로 기증해라." 참으로 많은 것을 생각하게 하는 소식이었다.

생전(生前) 장례식

듣기에도 생소한 말이지만, 일본에는 '생전 장례식'이란 게 있다. 글자 그대로 '살아 있을 때 장례식을 치르는 것'이다. 지금까지는 세상을 하직한 후에 가족들이 장례를 치러 왔는데, 생전 장례식은 살아 있는 본인이 이웃과 친지들을 모시고 대화를 나누며 감사와 고별의 기회를 마련하는 행사다. 다른 표현으로는 인생의 마지막을 정리하기 위한 활동이란 뜻의 '종활(終活)'이라고도 한다. 일본에서는 막부 시대에도 간혹 있었다고 하며 고령화 사회로 접어들면서 활발해졌다는 것이다.

최근 일본의 어느 대기업 회장이 신문에 생전 장례식 광고를 냈다. "10월 초, 몸 상태가 좋지 않아 병원에 가서 검사를 받아보니 예상치 못하게 담낭암이 발견되었습니다. 폐 등에 전이되어 수술은 불가능하다는 진단을 받았습니다. 아직 기력이 있을 동안에 여러분에게 감사의 마음을 전달하고 싶어 감사의 모임을 개최하려 합니다."(덧붙인 말은 "남은 시간 삶의 질을 우선하겠다며 약간의 연명효과가 있다고는 하지만 부작용 가능성이 있는 방사선 치료와 항암제 치료는 받지 않기로 했다"는 것이다.)

우리 사회에서는 보기 어려운 경우이긴 하나, 그 의미가 깊다고 생각한다. 숨이 넘어간 후에는 한마디도 할 수 없다. 살아생전에 생사고락을 함께한 가족, 동료, 친지들과 지난날을 돌아보며 감사의 뜻을 전한다는 것은 매우 뜻깊은 모임이 될 것이다. 우리도 이 행사를 도입해 본다면 어떨까. 다만 몇 가지 유의할 점이 있을 듯싶다.

첫째, 생전 장례식을 언제 할 것이냐의 타이밍이다. 세상을 떠나기 훨씬 이전에 너무 일찍 하고 나서 그 후로도 오래 살면 그 의미가 희석되지 않을까 하는 점이다. 그러므로 임종이 머지않았을 때, 아직은 거동과 대화가 가능할 때가 가장 알맞은 시기가 아닐까 싶다.

둘째, 초청 범위의 문제다. 그 수가 너무 많으면 '과시'가 되고 만다. 따라서 가족, 친지, 동료로 가까운 분들만으로 제한하면 좋을 것이다.

셋째, 형식의 문제다. 거창하게 행사를 벌이면 '볼거리 이벤트'

가 되고 만다. 조촐하면서도 의미 있고 따뜻한 분위기가 좋겠다.

넷째, 모임에서의 대화 주제가 문제다. 만에 하나 돈, 지위, 명예, 권력 등에 대한 대화가 오고가면 '자랑하는 자리'가 될 것이니 이런 내용은 절대 삼가야 한다. 주로 주인공에 대한 인간적인 면모, 감사 표시, 위로와 격려, 함께 고락을 나누어 온 추억 등이 좋을 것이다.

내가 죽거든 – 생전 계약

일본에서는 '생전 계약'도 인기라고 한다. 자신이 죽은 후의 일들을 살아 있을 때 미리 준비하는 것이다. 무연고 독거노인이 장례업체에게 비용을 지불하고 사후에 필요한 절차, 수속 등을 계약하는 것이다. 그동안 생전 계약자들은 주로 인생이 얼마 남지 않은 70~80대였는데, 요즘은 50~60대 중장년들도 부부가 함께 장례회사를 찾는다고 한다. 이런 배경에는 죽어서 자녀에게 의탁하지 않고 스스로 준비한다는 의미가 있다. 계약 내용은 장례는 물론이고 신원보증, 재산관리, 안부 확인, 간병, 일상생활 돌보기, 반려견 돌보기, 성묘 대행, 유품정리, 납골 등이다.

이 계약에는 물론 비용이 든다. 계약자와 생전계약회사, 법무법인 셋이 계약을 하고, 우리나라 돈으로 약 1,000만~1,900만 원 정도의 예탁금은 법무법인이 관리하는데, 관리 부실로 계약자가 피해를 입은 사례도 있다. 이런 문제를 감안하여 어느 지자체에서는 공무원이 그 절차를 지원해 주고 생활보호대상자들의 장례비용을 저렴하게(약 260만 원 정도) 해 주고 있다. 이런 지원 사례를 벤치마킹하려는 지자체가 줄을 서고 있다는 소식이니 우리로서는 부러운 일이다.

성년 후견제도

원래 '후견인'이란 미성년자에게 적용되는 것이다. 미성년자가 아직 어려서 의사결정을 제대로 하지 못하기 때문에 어른이 보호자 역할을 하는 제도인데, 최근에 '롯데그룹 신격호 회장'에게 적용된 사례가 있어 일반인에게도 널리 알려졌다. 노령화가 깊어지는 우리나라도 이 제도의 필요성이 절실하다는 지적이다. 재산이 많으면 많은 대로, 적으면 적은 대로 이 제도가 필요하다는 것이다.

'성년 후견제도'는 질병, 장애, 노령 등으로 사무처리 능력이 제한된 사람들에게 법원의 결정으로 본인의 의사결정을 도와줄 후견인을 지정하는 제도다. 사회복지 시스템의 한 축으로 인식되는 대목이다. 이 제도를 활용하면 가난한 노인들의 수급비를 가로채거나 한 채뿐인 부동산을 요양원 등이 서약서 한 장만 받고 마음대로 기부해 버리는 일 등을 방지할 수가 있다. 이와 유사한 경우에 바로 후견인이 감시를 할 수 있기 때문이다.

현재 변호사, 법무사, 회계사, 사회복지사 등이 성년 후견제에 관심을 갖고 있으나 어느 한 직종의 사람이 완벽한 후견인 역할을 하기는 어렵다는 것이다. 법률전문가는 요양 등의 문제를 결정하는 데 취약하고, 사회복지사는 재산관리 등 법적 의사결정을 돕기에 어렵다는 점이다. 따라서 제대로 된 후견을 위해서는 이들 사이의 정보교류와 상호교육이 절실하다는 게 전문가의 판단이다.

일본은 10년 전에 이 제도를 도입했다. 현 총리인 '아베'가 성년후견협회장을 지낸 바 있다. 한국에도 지난 5월 한국성년후견협회(회장 소순무 변호사)가 설립되었고, 머지않아 서울에서 세계성년후견대회가 열릴 예정이다. 노년에 들어서 의사결정이 여의치 않은 경우, 법적 절차를 잘 모르는 경우엔 적극적으로 이 제도를 활용할 필요가 있다.

노년의 수확

화려하고 화사한 젊음을 잃었다고 너무 한탄하지 마세요.

지금의 향기가 더 아름답고 더 그윽합니다.

묵향처럼, 난향처럼

가슴 깊이 배어드는 당신의 그 향기가 더 좋습니다.

노년의 아름다운 품격을 표현한 글이다.

"늙어 보지 않은 사람은 노년의 행복을 모른다"고 했다. 모든 짐 벗어 버리고 근심 걱정 다 내려놓으면 일생에서 가장 즐거운 시간이 된다. 평생을 겪어 온 극심한 경쟁에서 벗어나고, 부모 자식 거두느라 밤낮을 가리지 않고 달려오다가 이제는 그 짐을 다 벗었으니 거칠 게 없다. 새벽밥 챙겨먹고 버스와 지하철에 시달리며 출근할 필요도 없고, 더 이상 직장에서 업무스트레스 받으며 상사 눈치를 보거나 부하들의 기분을 살필 필요도 없다.

중후한 인품으로 주위에 존경을 받으며 삶의 여유를 갖게 되니, 어찌 보면 일생에서 가장 행복한 시기를 맞은 거나 다름없다. 그러므로 노년에 이르면 수확할 게 참으로 많다. 젊어서는 도저히 얻지 못할 것들, 물질로는 구할 수 없는 것들이 참으로 많다.

작가 박완서 선생은 노년의 행복을 이렇게 표현했다.

"나이가 드니 마음놓고 고무줄 바지를 입을 수 있는 것처럼 나 편한 대로 헐렁하게 살 수 있어서 좋고, 하고 싶지 않은 것을 안 할 수 있어 좋다. 다시 젊어지고 싶지 않다. 하고 싶지 않은 것을 안 하고 싶다고 할 수 있는 자유가 얼마나 좋은데 젊음과 바꾸겠는가. 다시 태어나고 싶지 않다. 난 살아오면서 볼 꼴, 못 볼 꼴 충분히 봤다. 한 겹 두 겹 어떤 책임을 벗고 점점 가벼워지는 느낌을 음미하면서 살아가고 싶다."

이분이야말로 '상선약수(上善若水)', 물처럼 사는 모습을 보여 주었으니 큰 수확을 거둔 셈이다.

이런 예화가 있다.

한 노인이 나이 들어가면서 젊은 청춘 시절이 너무도 그리워서 간절히 기도했단다.

"하나님, 부디 청년으로 되돌아가게 해 주세요!"

하나님이 되물었다.

"꼭 그리 되길 소원하느냐?"

"네, 저의 모든 것을 다 바쳐 소원합니다."

"좋다. 그러면 지금 네가 갖고 있는 일, 가정, 자식, 이루어 낸 업적 등 모두를 없던 것으로 하고 오직 젊게만 해 주겠다. 그래도 좋으냐?"

그러자 노인은 손사래를 치면서 이렇게 말했다.

"아닙니다. 그렇게는 싫습니다."

지금까지 평생을 두고 수확해 온 보람과 의미 있는 것들이야말로 젊어서는 결코 이룰 수 없는 소중한 것들임을 새삼 깨닫게 하는 대목이다.

김열규 선생은 글에서 "왜 위인들의 초상화는 늘 대부분 노년의 얼굴을 하고 있을까"라며 노년에 얻는 세 가지를 다음과 같이 적었다.

첫째, 노숙(老熟, 완벽하게 성숙됨)

둘째, 노련(老鍊, 솜씨, 재주가 최고의 경지)

셋째, 노장(老壯, 노숙과 노련을 겸한 경지)

젊어서는 도저히 얻을 수 없는, 노년만이 수확할 수 있는 경지를 말한 것이다.

노년에 접어들면 악(惡)에 대한 요소보다는 선(善)에 대한 욕심을 많이 갖게 된다. 또한 저속함 대신 고상함에 더 가까이 가게 되고, 겉으로 보이는 것보다 본질 자체를 보며, 추함보다는 아름다움을 추구한다. 구속보다는 자유를, 분쟁보다는 평화를 추구하며, 세상의 미혹(迷惑)에서 벗어나 자기중심을 지키게 된다. 나아가 세상만사를 고요히 바라보며(靜觀萬物) 관조의 삶을 살아간다.

노년에 이르러 삶의 의미와 보람을 찾는 분들도 많다. 여생을 무료하게 보내지 않고 의지와 열정으로 뜻있는 일에 몰두하면서 노년의 알찬 수확을 거두어들이는 사례를 보자.

미국 유타대 지리학과 교수를 역임한 이정면(95세) 박사의 경우다. 대학을 정년퇴임하고 구순이 넘은 나이에도 민족의 뿌리인 '아리랑'의 역사를 연구해 오고 있다. 노구를 이끌고 '아리랑 로드 10만km 대장정' 프로젝트에 앞장서서 발로 뛰고 있다. 러시아, 중국 등 지난날 강제이주로 내몰린 한민족의 한맺힌 발자취를 따라 고단한 일정을 소화한다. 그리고 답사여행에서 돌아오면 자료를 모아 책으로 엮어 낸다. 자료를 보충하기 위해 매일 아침부터 저녁까지 도서관에서 잠시도 쉬지 않고 몰두한다. 그동안 써낸 저서로는 《고대 한일 관계사의 진실》 《Arirang, Song of Korea》(전 세계에 배포됨) 등 수많은 저서가 있다. 이런 연구와 출판과정에는 이지출판사(서용순 대표)라는 헌신적인 출판사가 있기에 가능한 부분도 있다. 젊은이도 해내기 어려운 일을 묵묵히 해내는 그분들의 모습을 보면 삶의 의미란 무엇일까 하는 많은 생각을 하게 된다.

정년퇴직한 J교수의 경우를 보자.

J교수는 지난해 만 65세로 대학교수직을 퇴임하고 여생을 어떻게 보낼까 생각하다가 자신이 '농업자원경제학자'니까 그 분야에서 더 많이 기여하고자 자신이 퇴임한 대학의 수의학과에 편입을

신청했다는 것이다. 그런데 후배 교수들이 대선배 교수가 학부 3학년에 입학을 한다니까 너무도 부담되어 입학허가를 하지 않았다는 것이다. 결국 J교수가 '수의사'가 되어 저개발국에 나가서 축산업을 육성하여 농업자원경제의 성장을 돕겠다는 의미 있는 꿈은 이루지 못하게 되었다. 그러자 J교수는 다른 길을 모색했다.

새로 택한 분야는 한국의 관광산업 발전을 통한 외화 획득에 기여하기 위해 '관광가이드' 자격증에 도전하기로 했다. 지난날 학문 연구를 목적으로 미 대륙 횡단과 저개발 농업국가들을 수없이 답사하기도 했지만, 이번에는 이 일을 통해 해외여행도 하고 연구도 하며 외화 획득에도 기여하겠다는 뜻이었다. 결국 뜻한 바를 이루기 위해 방송통신대학교 관광학과 3학년에 입학하게 되었다. 전문분야에서 박사학위를 가진 노년의 교수가 대학 3학년 학생으로 입학한다는 것은 매우 보기 드문 사례가 아닐 수 없다. 일반적으로는 상상하기도 어렵다. 도전과 열정 없이는 도저히 불가능한 일이다.

60세를 바라보는 S사장의 경우는 이렇다.

베이비붐 세대에 속하는 그는 작가이자 출판사 대표다. 누적된 회사업무와 문학단체의 장(長), 가사와 자녀교육에 이르기까지 쉴 틈 없이 바쁜 일정 속에서 분, 초를 쪼개가며 시간을 아껴 쓰고 있다. 그럼에도 매사에 끊임없는 관심과 배움의 열정을 불태우고 있다. 대부분의 은퇴세대가 "이 나이에 뭘" 하고 뒤로 물러서는 경향이 있는데, 그의 경우는 나이는 숫자에 불과하다는 사실을 입증하는 매우 신선한 사례다. 지난해부터 대학원에서 경영학(마케팅) 공부를 하고 있다. 수많은 일정을 뒤로하고 강의시간을 어김없이 지키는 모범생이다. 오로지 새로운 세계를 알고자 하는 일념에서 시작한 일이라니 감탄할 수밖에 없다. 은퇴세대에게 보여 주는 '전향적인 삶'의 귀감이 아닐 수 없다.

노년에 이르러 얻게 되는 보물은 여유와 평안함이다. 젊어서처럼 매사에 쫓기지 않아도 되니까 부담감에서 벗어나 여유가 생기고 심신의 평안을 느낄 수 있다. 세상에 대한 수많은 경험과 그 과정에서 얻은 경험법칙, 다양한 지식, 희로애락에 대한 감정의 넓이와 깊이, 삶의 보람과 의미, 생의 가치와 무가치에 대한 분별력, 행복과 불행의 구분능력, 포용력, 절제, 범사에 감사하는 마음, 겸허한 자세를 갖게 되어 행복한 여생을 즐길 수 있다. 그러면서도 주저앉지 않고 전향적인 삶을 개척하는 정신으로 살아간다는 것은 매우 뜻깊은 일이 아닐 수 없다.

아울러 노년에는 지금까지 살아오는 동안 쌓아 온 많은 지식을 갖게 된다. 지식의 창고나 다름없는 '빅데이터'를 갖고 있다. 따라서 어떤 질문에도 답을 할 수가 있다. 자신이 걸어온 길을 책으로 엮어 내는 일도 큰 의미가 있을 터이다. 다만, 거기에 한 가지

욕심을 더 낸다면 바로 '지성인'이 되는 거다.

지식인과 지성인의 차이는 뭘까. 지식인은 질문에 답을 할 수 있는 사람이고, 지성인은 답이 없는 질문에 대하여 그 답을 얻고자 끊임없이 성찰하는 것이다. 노년이야말로 지성인이 되기에 알맞은 세대다. 그리 되면 얼마나 멋진 인생일까.

노년의 두 가지 10계명

선배들이 전하는 노년의 마음가짐에 대해 귀를 기울여보자.

지켜야 할 10계명

1. 마음의 짐(재산, 지위, 명예, 부담감, 원한, 경쟁관계…)을 내려놓아라.
2. 권위를 버려라. 나이든 것을 내세우지 마라. 노인에게 주는 것은 작은 동정심뿐이다.
3. 용서하고 잊으라.
4. 항상 청결하라.
5. 현실(돈과 지위 상실. 자존심의 상처, 권력, 가정과 사회로부터의 소외감…)을 감수하라.

6. 신변을 정리하라.

7. 자식으로부터 독립하라. 의지하지 마라. 효도도 바라지 마라.

8. 시간을 아껴라. 노년의 시간은 금이다. 돈보다 귀하다.

9. 이웃과 사회에 대해 감사하고 봉사하라.

10. 이웃, 사회단체, 취미활동에 적극 참여하라.

삼가야 할 10계명

1. 말을 줄여라.

2. 목청을 높여 가르치려 하지 마라. 듣지도 않는다.

3. 남을 원망하지 마라. 분노의 늪에서 헤어나지 못한다.

4. 포기하지 마라. 삶의 종말을 불러들이지 마라. 살아 있다는 자체가 기쁘고 대단하다.

5. 젊은이에게 질책은 피하라. 좋은 말로 권고나 조언은 할 수 있다.

6. 자주 삐치지 마라. 서운하더라도 참고 넘겨라.

7. 다 아는 척하지 마라.

8. 응석부리지 마라. 주책으로 보인다.

9. 형편이 되면 너무 아끼지 마라. 노년의 지나친 절약은 미덕이 아니다.

10. 자식, 며느리 흉보지 마라. 누워서 침 뱉기다.

'셰익스피어'가 노년에게 주는 9가지 명언

1. 학생으로 계속 남아 있으라. 배움을 포기하는 순간 폭삭 늙는다.

2. 과거를 자랑하지 마라. 옛날이야기만 남을 때 당신은 처량해진다.

3. 젊은이와 경쟁하지 마라. 그들에게 용기를 주고 함께 즐겨라.

4. 부탁받지 않은 충고는 하지 마라. 늙은이의 기우와 잔소리로 오해받는다.

5. 삶을 철학으로 대체하지 마라. 로미오가 한 말을 기억하라. "철학이 줄리엣을 만들 수 없다면 그런 철학은 꺼져 버려라."

6. 아름다움을 발견하고 즐겨라. 심미적 추구를 게을리하지 마라. 그림과 음악을 사랑하고 책을 즐기고 자연의 아름다움을 만끽하는 게 좋다.

7. 늙어가는 것을 불평하지 마라. 가엾어 보인다. 몇 번 들어주다가 피하기 시작할 것이다.

8. 젊은 사람들에게 세상을 다 넘겨주지 마라. 다 넘겨주는 순간 천덕꾸러기가 되고 춥고 배고픈 노년을 보내게 될 것이다. 두 딸에게 배신당하고 두 딸에게 죽은 리어왕처럼.

9. 죽음에 대해 자주 말하지 마라. 죽음처럼 확실한 것은 없다.

인류 역사상 어떤 예외도 없었다. 확실히 오는 것을 일부러 맞으러 갈 필요는 없다. 그때까지 삶을 탐닉하라. 우리는 살기 위해 여기 왔다.

노년에게 전하는 해학적 위로와 격려

우리는 누구나 지나간 세월을 돌이키고 싶은 마음이 간절하다. 지나간 세월이 덧없게 느껴지기 때문이다. 지난 세월 중 10년을 한탄하는 노년에게 전하는 위로와 해학적 격려를 들어보자.

10년만 젊었더라면 못할 일이 없을 것이다.
10년만 젊었더라면 인생을 다시 살아보고 싶다.
10년 전으로 되돌아갈 수 있다면 지금처럼 살지는 않을 것이다.

하지만 지금도 늦지 않았다. 지나간 10년은 돌아갈 수 없는 길이니 접어두고 앞으로의 10년을 설계하자. 10년 후에 '잘 살았노라'고 미소 지을 수 있도록.

성질은 한 번에 내지 말고, 12개월 무이자로 조금씩 내고
상대에 대한 배려는 일시불로 지불하며
상처는 계란처럼 잘 풀어주고
오해는 잘게 다져 이해와 버무리고
실수는 굳이 넣지 않아도 되는 통깨처럼 조금만
열정은 마이너스 통장을 개설해서라도 마음껏 쓰고
은혜는 대출이자처럼 꼬박꼬박 상환하고
추억은 이자로 따라오니 특별 관리하지 않아도 되지만
그리움은 끝끝내 해지하지 말 것.

의심은 단기매도로 처분하고
아픔은 실손보험으로 처리하며
행복은 언제든지 입출금이 가능한 통장에 넣어두고
서로가 서로를 존중하면
좋은 하루, 나쁜 하루도 흘러가니 다 아름답다.

60대, 아직도 직장에서 돈 벌면 성공한 인생이요
70대, 병 없이 몸만 건강하면 성공한 인생이며
80대, 아직도 아내가 밥 차려주면 성공한 인생이고
90대, 전화 걸어오는 사람이 있으면 성공한 인생이며
100세, 자고나서 아침에 눈뜨면 성공한 인생이다.

서양 사람들의 노년 사고방식

서양 사람들은 매우 현실적이고도 열린 자세를 갖고 있다.

1. 노년은 그동안 모아 둔 돈을 즐기며 쓰는 시기다. 신규투자는 삼가야 한다. 자식들에게 휘둘리지 말고 평화롭고 조용한 삶을 찾아라. (우리 사회에서도 자식이 사업한다고 자금을 지원해 달라는 요구에 못 이겨서 가진 재산을 다 날리고 쪽방에 살면서 노년 파산을 겪는 사례가 수없이 많다.)

2. 자식의 재정은 그들의 문제다. 지금까지 키우고 가르친 것만으로 충분하니 개의치 마라.

3. 건강관리에 최선을 다하라. 건강을 지키며 살기가 점점 어려워지는 나이다.

4. 평생의 반려자를 위해 언제나 최상의 아름다운 선물을 사라.

5. 사소한 일에 스트레스 받지 마라. 과거의 나쁜 기억은 잊고 좋은 일만 생각하라.

6. 나이에 개의치 말고 사랑으로 넘치는 생활을 하라. 가족, 이웃, 반려자, 친구….

7. 내적·외적인 몸치장을 철저하게 잘 하고, 자신만만하게, 당당하게 살아라. 몸과 마음을 가꾸는 데 신경 써라.

8. 어울리지 않는 유행은 따르지 말고 자기 나이에 걸맞는 패션

을 추구하라.

9. 항상 최신의 시대 흐름에 뒤지지 마라. 이메일이나 SNS를 멀리하지 말고, 세상 뉴스를 듣고 보고 얘기하라.

10. 젊은 세대와 그들의 견해를 존중하라. 조언하되 비평은 하지 마라. 미래를 여는 사람은 젊은이들이다.

11. '옛날 그 시절에'라는 과거적인 표현을 절대 사용하지 마라. 당신도 이 시대를 사는 사람이다.

12. 긍정적인 사람들, 명랑한 사람들과 어울려라. 슬프고 고달팠던 날들을 얘기하는 사람들과 어울리기에는 인생이 너무 짧다.

13. 가족들과 자주 어울려 살되 혼자 살 재력이 있다면 자식들과 함께 살려는 유혹에 빠지지 마라.

14. 자신의 취미를 살려서 활용하라. 취미가 없다면 더 늦기 전에 새로운 취미를 만들어라. 봉사활동을 하더라도….

15. 모임, 회식, 세례식, 결혼식 초대에 적극 참여하라. 그렇다고 초대를 못 받는다고 서운해할 필요는 없다. 중요한 것은 집 밖으로 나가 세상살이를 몸으로 접하는 것이다.

16. 말은 적게 하고, 남의 말을 잘 경청하는 사람이 되라. 듣지 않고 자기 얘기만 떠들어대면 주위사람들이 당신 곁을 떠난다. 불평, 불만, 비판의 말이 아닌, 남이 듣기 좋은 대화의 소재를 찾아라.

17. 노쇠에 따르는 불편함과 고통을 고통으로 생각지 말고 당연한 것으로 자연스럽게 수용하라. 늙는 건 당신 잘못이 아니라 세월 탓이다.

18. 타인의 잘못은 용서하고 자신의 실수에는 사과하라. 남의 옳고 그름을 따지면 당신의 마음이 불편해진다.

19. 자신의 신앙적 신념을 남에게 강요하지 마라. 남에게 설교하거나 선교하려 하지 말고 자기 신념에 따라 모범을 보여라.

20. 웃어라. 많이 웃어라. 모든 것에 웃어라. 살면서 유머감각을 잃지 마라.

21. 남들이 나에 대해 한 말이나, 나를 어떻게 생각할 것인지에 대해 신경 쓰지 마라. 휴식하며 평화롭게 행복한 시간을 가질 때다.

22. 그리고 나쁜 포도주를 마시기에는 인생은 너무 짧다. 즐겨라, 소중한 인생을⋯.(자료 네이버 블로그)

노년의 긍지와 자부심
- -

대부분의 노인들은 나이가 들면 고개를 숙이며 더 이상의 삶을 체념하는 듯한 태도를 취한다. 그리고 스스로 뒷방 노인을 자처하기도 한다. 지금까지 살아온 삶에 대한 긍지와 자부심도 없다. 오랜 세월 가족을 위하여, 국가사회를 위하여 헌신하며 땀 흘려 온 귀하고 멋진 삶을 결산하며 성공적인 인생을 마무리하는 귀중한 시기임에도 맥이 빠진 모습이다. 그러나 다시 생각해 보면 노년의 시간이야말로 인생의 황금기라고 말할 수 있다.

노년은 평생을 쌓아 온 지식과 수많은 경험과 깊고 넓은 경륜의 창고다. 지성과 시대정신 또한 최절정의 경지에 이른다. 작은 백과사전이라고 해도 과언이 아니다. 게다가 마음을 조절하고 다스리는 데에 뛰어난 능력을 갖고 있다. 절묘한 체념, 인내와 절제, 만족과 감사, 용서와 포용, 지혜와 겸손, 성숙한 품위도 갖추었다. 인생 최고의 황금기이며 노익장을 과시할 수 있는 시기다. 온 나라가 가난에 찌들어 배고팠을 때, 나라가 파란만장한 일들을 겪으며 혼란스러웠을 때, 참고 견디며 피땀 흘려 나라를 지키고 잘 사는 국가로 건설한 주인공들이다.

이제 노년들은 편히 쉬면서 노후를 즐길 권리와 자격이 넘친다. 노년은 생의 마무리가 아닌 새로운 시작이고 불안과 우울에서 벗어나 새로운 포부와 희망으로 삶의 방향을 바꾸어야 한다. 따라서 노년세대는 긍지와 자부심을 가져야 한다. 정부와 사회 전체도 그런 점을 인식하고 제도를 보완하여 노년 대우에 힘써야만 한다.

노년을 디자인하자

　모든 일의 성패는 어떻게 준비해 왔느냐에 달려 있다. 마찬가지로 준비 없이 평안한 노년을 기대할 수는 없다. 은퇴 후 수십 년을 더 살아야 할 긴 세월을 준비 없이 그냥 맞이한다는 것은 상상도 할 수 없는 일이다. 젊어서부터 오랜 세월을 두고 차근차근 노후를 준비하여야 한다. 자신의 건강은 물론이고 부모, 자녀들의 건강도 잘 챙겨서 큰 질병이 없도록 하여야 하고, 근검과 절제로 낭비 없는 가정생활을 통하여 꾸준한 저축이 실천되어야 한다. 또한 자녀들이 성장하여 결혼하게 되었을 때, 지나친 결혼비용을 지출하여 허리가 휠 정도가 되면 안 된다. 가능하면 자녀들이 스스로 벌어서 결혼비용에 충당하도록 훈련시키는 것도 부모의 올바른 역할이다.

　미국 등 선진국과 이웃나라 일본에서도 자녀 결혼식에 과다한 비용을 지출하지 않으며 하객도 최대한 축소해서 소규모로 예식을 치른다. 우리가 너무 체면을 생각하고 불필요한 비용을 지출하는 풍속과는 판이한 사고방식이다. 노후의 궁핍은 젊었을 때보다 훨씬 견디기 어렵고 막막하다. 노년에는 절대로 궁핍하지 말아야 하며 어느 정도의 품위를 유지할 수 있는 최소한의 경제력이 있어야 된다.

나이 들면 범사에 감사하며 자기 분수에 맞게 살고, 만족하는 자세가 필요하다. 자녀와의 관계도 적당한 거리 유지가 필요하다. 너무 세세한 부분까지 잔소리를 해도 안 되고, 간여를 해서도 안 된다. 또한 자식의 효도를 바래서도 안 된다. 이 시대는 자식의 효도를 바랄 수 없는 그런 세대다.

대인관계에서도 친절과 우정과 겸손으로 너그럽게 대하고, 어떤 분쟁도 일어나지 않게 처신하여야 되며 사소한 일에 상처받지 말아야 되고 혼자서도 그 고독을 즐길 줄 알아야 한다. 명상, 기도, 취미생활 등이 필요한 이유가 바로 '홀로 지내기'에 필수이기 때문이다.

행복한 노년을 위한 준비 트렌드 13가지

금융기관에서 권고하는 '노후 준비 트렌드 13가지'를 보자. 노년을 맞이한 대부분의 사람들이 생각하는 것은 '돈만 많으면 된다', '집 한 채만 있으면 된다', '자식이 부양해 주겠지'라는 것이다.

그러나 정답은 "노(No)"다. 고정관념에서 벗어나야 한다는 것이다. 시대가 변했기 때문인데, 그 이유는 다음과 같다.

1. 돈이면 다 된다? 아니다. 일이 있어야 한다.

2. 배우는 것은 끝났다? 아니다. 재취업에도 공부가 필요하다. 항상 '샐러던트'가 되어야 한다.

3. 개인이 혼자 준비하면 된다? 국가와 회사도 함께 준비한다. 각 개인은 자신에게 필요한 정보들을 잘 파악하여야 한다.

4. 자산이 많으면 된다? 아니다. 현금의 흐름이 있어야 한다. (필요할 때 쓸 수 있도록) 부동산이 많더라도 현금화가 어려우면 소용없다. '억대 부동산 거지'란 말도 있다.

5. 생활비만 있으면 된다? 의료비도 준비되어야 한다. 노후에는 의료비가 필수다.

6. 은퇴설계는 가장이 기준이다? 아니다. 10년 더 사는 배우자 (아내)를 배려해야 한다.

7. 투자를 잘하면 된다? 투자는 매우 신중하게 하여야 하고 부채를 안고 하면 절대 안 된다. 만에 하나 실패하면 노후 파산에 이르게 될 가능성이 높다. 위험한 모험은 금물이다.

8. 노후 자금이 많으면 걱정 없다? 빼서 쓰는 데도 치밀한 계산이 필수다. 자녀 학업, 결혼비용 등 목돈 지출이 많아지면 노후자금 바닥나기는 시간문제다.

9. 자녀에게 의지한다? 스스로 해결하여야 한다. 이 시대는 자녀가 부모를 봉양하는 세대가 아니다.

10. 자식에게 물려준다? 다 쓰고 죽는다. 유산 상속은 자녀들

간에 불화를 갖게 하는 요소가 된다.

11. 돈관리만 잘하면 된다? 아니다. 시간관리도 중요하다. 돈이 있으면 나태해질 수 있으므로 노후의 시간을 알차게 쓰도록 시간관리가 중요하다.

12. 가장은 돈만 있으면 된다? 아니다. 가족과 함께 행복을 가꿀 수 있어야 한다.

13. 취미생활은 돈이 든다? 아니다. 취미생활이 돈도 된다. 취미를 통해 실력을 갖추면 그 취미가 주업이 되어 돈도 된다. 노후에도 일을 계속한다는 것은 무엇보다도 중요하다.

여러 가지 조언과 경험법칙들을 종합해 보면 결론은 이렇게 낼 수밖에 없다.

첫째, 행복한 노인이 되려면 우선 철저한 자기관리가 필수다. 무슨 일이든 다 그렇지만, 대가 없이 좋은 결과를 바랄 수는 없다. 행복도 마찬가지다. 대가를 치르지 않고 행복을 기대할 수는 없다. 자기절제와 인내, 노력과 훈련 없이는 불가능하다.

둘째, 건강을 위한 영양섭취와 운동이 필수다.

셋째, 젊어서부터 노후의 가난을 피하기 위한 경제적 준비를 단단히 하고 근검절약하는 소비생활에 익숙해야만 된다.

넷째, 건강과 생활경제를 제외한 나머지 부분에 대하여는 체념과 포기할 줄 아는 지혜가 필요하다. 남과 비교하지 말아야 하며 자족할 줄 알아야 한다.

다섯째, 정신건강도 잘 챙겨야 한다.

나이 들면 시간의 여유를 갖게 된다. 정신건강과 영적성숙을 위해 명상시간을 자주 가져야 하고, 신앙을 갖게 되면 기도를 통해 마음의 평안을 얻게 된다. 육체적인 건강뿐만 아니라 정신적인 건강도 매우 중요하다.

긍정적인 사고와 낙관적인 사고가 필요하다. 어려운 현실이 닥쳤을 때, 이를 극복하기 위해서는 이런 마음가짐이 큰 도움이 된다. 자신이 어떤 환경에 처해 있어도 긍정적으로 생각하며 이만하면 행복하다는 자족감을 가지면 행복한 것이다. 행복이란 타인이 바라보는 기준이 아니라 주관적인 문제다. 노년의 삶을 불안해하는 이유는 자존감을 잃기 때문이다.

불평과 불만은 행복에 장애물이 될 뿐이다. 염세적이거나 운명적으로 생각하면 결국 자신의 삶이 불행해 보인다. 집착은 금물이다. 자신의 소유와 남은 삶에 대해 집착하거나 연연해하는 것도 일종의 병이라고 했다. 인생을 관조하는 선현들은 마음을 비우고, 미완성에 감사하며, 언젠가는 홀가분하게 '철수' 할 준비를 하라고 조언한다. '비움'과 '내려놓기'를 하라는 뜻으로 들린다. 이것이 '웰 에이징(well aging)'이요, '웰 다잉(well dying)'이란 결론이다.

스무 살 노인과 팔십 된 청춘

"스무 살 노인과 팔십 된 청춘"이란 말이 있다. 청춘은 젊은 육체 속에 있는 게 아니라 젊은 정신에 있으니 나이는 문제가 아니라는 것이다. 사무엘 울만의 시를 읽어 보자.

청춘(靑春)

사무엘 울만

청춘은
인생의 나이가 아니라 마음의 나이다
장밋빛 볼과 붉은 입술과 유연한 몸매가 아니라
강인한 의지와 풍부한 상상력과
깊고 깊은 인생의 샘에서
용출되는 신선함이다

청춘은
용기 잃은 정신이 아니라
거창한 사랑을 위해 뛰어드는
용기와 모험 속에 있는 것이다

용기 없는 20세는 노인이다
용기 있는 60세는 청춘이다
나이를 먹었다고 해서 사람이 늙지 않는다
꿈을 잃었을 때 비로소 늙는다

세월이 주름살을 더 늘리지만
정열을 잃어버린 정신은 주름살투성이가 된다
고민과 공포와 자해가 정신을 고사시켜
쓰레기로 만든다

중요한 것은 감동하는 마음과
어린이 같은 호기심과
가슴 졸이며 미지의 인생에 도전하는 희열이다

눈을 감고 생각해 보자
당신 마음속에 있는 무선기지를
푸른 하늘 높이 솟아 반짝이는 수많은 안테나,
그 안테나가 수신할 것이다
위대한 사람의 메시지와 숭고한 대자연의 메시지
세계가 얼마나 아름답고 경이로움이 많은가를
살아 있다는 것이 얼마나 멋있는 것인가!

용기와 희망과 미소를 잃지 않고
생명의 메시지를 계속 수신하는 한,
당신은 언제나 청년이다

만약에 당신 마음의 안테나가 쓰러져
눈과 같이 차가운 냉소와
얼음과 같이 굳어진 실망에 뒤덮이면
설사 20세 나이일지라도
당신은 틀림없는 노인이다
그러나 당신의 안테나가
생명의 메시지를 쉬지 않고 수신하는 동안
설사 80의 나이일지라도
당신은 언제나 청춘이다

청춘은
젊은 육체 속에 있는 것이 아니라
젊은 정신 속에 있는 것이다.

내 인생에 가을이 오면

부족한 원고를 다 쓰고 나니 봄이 지나고 여름이 시작되었습니다. 모든 생명체가 겪는 생로병사가 인간의 힘으로는 어쩔 수 없는 자연의 섭리이니 순응하며 스스로 잘 극복해 낼 수밖에 없겠지요. 우리가 살아가는 노년의 삶 속에도 필수과목처럼 찾아오는 수많은 역경과 도전이 있으니 이 또한 슬기롭게 헤쳐 나갈 수밖에 없습니다.

원고를 쓰는 동안 윤동주 시인의 〈내 인생에 가을이 오면〉이란 시를 자주 음미했습니다. 나도 노년을 맞이하였기 때문입니다. 살아온 지난날을 반추하면서 많은 반성과 회오에 젖기도 했습니다.

지난해 가을, 일본 교토의 도시샤대학 뜰에 세워져 있는 윤동주 시인의 시비(詩碑) 앞에서, 시대의 아픔을 온몸으로 겪으며 29세의 젊은 나이에 옥중에서 요절한 그의 맑고 올곧은 영혼을 흠모하고 추모한 적이 있습니다만, 시구마다 전율처럼 느껴지는 메시지가 저를 무척 부끄럽게 했습니다.

내 인생에 가을이 오면

윤 동 주

내 인생에 가을이 오면
나는 나에게
물어볼 이야기들이 있습니다

내 인생에 가을이 오면
나는 나에게
"사람들을 사랑했느냐"고 물을 것입니다

그때 가벼운 마음으로
말할 수 있도록 나는 지금
많은 사람들을 사랑하겠습니다

내 인생에 가을이 오면
나는 나에게
"열심히 살았느냐"고 물을 것입니다

그때 나는 자신 있게 말할 수 있도록
나는 지금 맞이하고 있는 하루하루를
최선을 다하여 살겠습니다

내 인생에 가을이 오면

나는 나에게

"사람들에게 상처를 준 일이 없었느냐"고 물을 것입니다

그때 자신 있게 말할 수 있도록

사람들에게 상처 주는 말과

행동을 하지 말아야 하겠습니다

내 인생에 가을이 오면

나는 나에게

"삶이 얼마나 아름다웠느냐"고 물을 것입니다.

그때 나는 기쁘게 대답할 수 있도록

내 삶의 날들을 기쁨으로 아름답게 가꾸어 가야겠습니다

내 인생에 가을이 오면

나는 나에게

"어떤 열매를 얼마만큼 맺었느냐"고 물을 것입니다

그때 자랑스럽게 대답하기 위해

지금 나는 내 마음 밭에 좋은 생각의 씨를 뿌려

좋은 말과 좋은 행동의 열매를 부지런히 키워야 하겠습니다.

이 시를 읽노라면 저의 지난날의 부족하고 부끄러웠던 많은 일들이 떠오르고, 늦었지만 이제라도 바로잡아 나가기로 마음 깊이 다짐을 하게 됩니다.

시인의 메시지에 따라 우리 노년의 삶도 더 알차게, 더 아름답게 가꾸어 나가면 더 보람 있고 멋진 인생이 될 것으로 굳게 믿습니다. 노년을 맞아 성공적으로 아름다운 인생을 갈무리할 여러분에게 다시 한 번 따뜻한 위로와 힘찬 격려를 보냅니다.

2018년 6월

압구정 연구실에서 함 광 남

/ 참고자료 /

노후세대의 현실(통계청 2016. 12. 자료)

귀농 · 귀어 · 귀촌 현황(2018. 1. 26. 농림축산식품부/한화생명은퇴연구소/조선일보)

은퇴자에 대한 연구(한국고용정보원)

해외인재파견플랜(국제협력단)

은퇴세대를 위한 정부시책(www. nocutnews.co.kr)

노후준비지원법(보건복지부)

노년의 삶(대한민국시니어리포트/2011. 5. 25. 교보생명)

중년의 삶의 질(서울대, 한국인간발달학회)

연명의료제도(국가생명윤리정책연구원)

정년제도에 대한 선진국 사례(2017. 9. 19. 조선일보)

노년 관련 기사(조선일보)

한국 베이비부머 세대와 일본의 단카이 세대의 차이점(《초고령 사회 일본에서 길을 찾다》, 김웅철)

노년세대를 위한 일본의 제도와 사회분위기(2017, 페이퍼 로드 간행, 김웅철)

일본의 초고령 사회 트렌드(2017, 페이퍼 로드 간행, 김웅철)

노마설(老馬說)(에세이피아 2015. 가을호)

나홀로 가구 문제(2017. 11. 6. 조선일보)

인생사고(人生四苦)(인터넷 블로그 '독산' 글)

긍정적인 삶(youtube. com)

안젤름 그륀 신부, 《딱 알맞게 살아가는 방법》

대중적 지식인으로 살기(다음카페 '우정' 글)

실버산업(다음카페 아티스트 조씨)

베이비붐 세대의 현황과 노후 준비(서울대-한국갤럽)

은퇴 후의 걱정과 일자리 희망 이유(매일경제-보건사회연구원)

베이비붐 세대 관련 지원정책 현황과 문제점(한국직업능력개발원)

부부간 노후 생활비용 통계(통계청, 건강보험공단, 한국관광공사, 삼성생명)

중·고령자 노후생활 준비 여부(국민연금연구원)

하우스 푸어(house poor) 사례(금융투자협회, 금융위원회, 금융감독원, 국민은행)

남성 50대가 할 일(鈴木健二)

샐러리맨의 인생 후반 준비(大前研一)

신약성서

자신의 품격(渡部昇一)

60세부터의 인생정리학(다카후미 가쓰와다)

100세 시대의 인생 매니지먼트(石田淳)

제3경영의 눈(眼)(함광남, 이지출판사)

100시대 50대의 선택(함광남, 이지출판사)

고령화시대 제도 소개 및 대응방안(박길진 복지행정학 교수/옐림요양원 원장)

저자 함 광 남(Ph.D)

경영학을 전공하고 평생 동안 '경영이란 무엇인가'를 연구하며 대학과 연구원에서 인재 양성과 기업경영에 전념해 왔다.

한국·프랑스·일본 합작 전략마케팅그룹인 노박션코리아(Novaction Korea) 회장으로 삼성, LG, 태평양화학 등 유수 기업에 대한 신제품 개발과 브랜드 헬스 파워 진단을 수행했다.

한·일마케팅포럼 회장으로 재직 중 한·일 양국의 마케팅기법의 상호 연구와 효율적 실행 방안 개발에도 기여해 왔다.

도쿄커뮤니케이션대학 초빙교수를 역임하고, 현재는 교육기관인 씨앤에이엑스퍼트(C&A Expert) 회장을 맡고 있다.

작가로도 활동하면서 (사)한국수필문학진흥회 부회장을 맡아 수필계 발전에 일익을 담당하며 계간 《에세이문학》에 일본 수필을 번역 소개하였다.

서울올림픽조직위원회 공로상, 사회공동모금회(사랑의 열매) 공로상, 교육인적자원부장관 교육대상을 수상했다.

저서로는 《경영진단의 이론과 실제》《부활의 경영》《제3경영의 눈(眼)》 《Power Up을 위한 영업실무》《빚 끝장내기》(감역) 《1인 비즈니스》(감역) 《100세 시대 50대의 선택》《100세 은퇴설계 노년매니지먼트》 등이 있다.

100세
은퇴설계
노년매니지먼트

펴낸날   초판 1쇄 2018년 6월 20일

지은이   함광남
펴낸이   서용순
펴낸곳   이지출판

출판등록   1997년 9월 10일 제300-2005-156호
주 소   03131 서울시 종로구 율곡로6길 36 월드오피스텔 903호
대표전화   02-743-7661 팩스 02-743-7621
이메일   easy7661@naver.com
디자인   박성현
인 쇄   네오프린텍(주)

ⓒ 2018 함광남

값 18,000원

ISBN 979-11-5555-092-2 03330

※ 잘못 만들어진 책은 바꿔 드립니다.

이 도서의 국립중앙도서관 출판시도서목록(CIP)은 e-CIP홈페이지(http://www.nl.go.kr/ecip)와 국가자료공동
목록시스템(http://www.nl.go.kr/kolisnet)에서 이용하실 수 있습니다.(CIP제어번호: CIP2018016916)